KB094583

The Art of Teaching

명강의 교수법

윤옥한 지음

학지사

아는 것과 가르치는 것은 다르다.

알고 있는 내용을 어떻게 하면 잘 가르칠 것인가?

알고 있는 내용을 어떻게 하면 다른 사람에게 잘 전달할 것인가?

이러한 부분들에 대해서 많은 사람들이 고민하고 있을 것이다.

강의를 잘하기 위해서는 세 가지 조건을 갖추어야 한다.

첫째는 내용(contents)이 풍부해야 한다. 즉, 본인이 가르치고 있는 분야에 대한 전문지식이 있어야 한다. 그러기 위해서 강의하는 사람은 끊임없이 자기개발을 해 나가야 한다. 왜냐하면 어느 정도 자기가 가르치는 분야에 대한 지적 권위가 있어야 하기 때문이다.

둘째는 기술(skill)이 있어야 한다. 가르치는 기술이 필요하다. 내용은 풍부한데 가르치는 기술이 부족하면 강의가 지루하고 재미가 없다. 최근에는 교육이 교육적 오락(edutainment)이 되어야 한다고 많은 학자들이 주장한다. edutainment는 education + entertainment의 합성어다. 가르치는 기술이 부족하면 자신이 알고 있는 내용을 상대방에게 잘 전달할 수 없다.

셋째는 태도(attitude)다. 가르치는 사람이 내용과 기술이 좋아도 태도가 불량하면 배우는 사람은 잘 수용하지 않는다. 그러므로 강의하는 사람은 인격을 갖추어야 한다.

이 책에서는 주로 가르치는 기술, 방법 등에 초점을 맞추고 있다. 물론 구성내용과 강의하는 사람의 태도도 다루고 있지만 강조해서 정리한 내용은 가르치는 기술에 중점을 두었다. 특히 교육과 관련된 거시적인 패러다임에 대한 논리적인 측면과 산업교육의 생생한 현장 경험을 바탕으로 미시적이면서 현실적인 측면을 조화롭게 정리하고자 노력하였다. 대학교수, 일선교사, 기업체 강사, 그리고 프레젠테이션을 하는 모든 사람들에게 현실적으로 필요한 부분들을 중심으로 정리하였다.

교육방법과 관련하여 이론적인 책들이 많이 쏟아져 나오고 있지만 실제로 현장에서 경험하였거나 꼭 필요한 부분들을 중심으로 정리된 책은 거의 없는 실정이다. 이 책은 기업교육 현장에서 경험한 내용, 그리고 필자가 수많은 강의를 해 오면서 경험한 내용을 중심으로 집필하였다.

초판을 발행하면서 부족했던 부분들을 수정, 보완하였다. 특히 실제 사례들을 많이 추가하였다. 강의하면서 필요한 생생한 사례들을 활용할 수 있게 하였다. 내용 하나하나가 실제 경험 속에서 그리고 필자가 직접 강의하는 내용들을 중심으로 정리한 것이다. 강의나 프레젠테이션을 할 때 이 내용들을 중심으로 수행한다면 큰 효과가 있을 것으로 사료된다.

부디 이 책으로 좋은 성과가 있기를 기대해 본다.

2008년
윤옥한

"그런즉 너희가 먹든지 마시든지 무엇을 하든지 다 하나님의 영광을 위하여 하라."
(고전 10:31)

PART 5 **프레젠테이션 스킬 _ 183**

강의시작 방법

강의나 프레젠테이션을 하는 사람이라면 누구나 시작을 어떻게 해야 할지 고민할 것이다. 그리고 강의의 성패는 시작 5분에 달려 있다고 해도 과언이 아니다. 사람의 첫인상이 매우 중요한 것과 마찬가지로, 강의의 첫 5분이 강사에게는 매우 중요한 시간이다. 왜냐하면 첫인상은 두 번 줄 수 없기 때문이다. 특히 사람을 처음 만나서 받은 이미지는 뇌리에서 쉽게 사라지지 않는다.

대부분의 사람들에게 강의가 언제 시작되는지 물어보면 인사가 끝난 후 시작된다고 말한다. 그러나 강의의 시작은 강사가 강연장의 문을 열고 들어갈 때부터 시작된다고 보면 된다. 문을 열고 웃으면서 들어가는가? 아니면 화난 얼굴로 들어가는가? 박력 있고 씩씩하게 들어가는가? 아니면 힘없이 들어가는가? 학습자들은 이 모두를 보게 된다. 이 장에서는 강의를 시작할 때 어떻게 해야 하는가에 대해 살펴보고자 한다.

강의를 시작하는 방법에는 여러 가지가 있다. 여기서는 Ice Breaking에 대해서 설명한다. Ice Breaking이란 말 그대로 하면 '얼음을 깨뜨리는 것'이다. 즉, 사람들이 처음 만나면 서로 서먹서먹하고 어색하기 때문에 이 서먹함과 어색함을 해소하기 위해 실시하는 분위기 조성 게임이라고 보면 된다. 이와 같은 게임을 통해서 학습자 상호간의 친밀감을 도모하고 닫혀 있던 마음의 문을 열도록 해주는 작업을 먼저 한 후 강의를 시작하는 것이 좋다. 단적으로 말하자면, Ice Breaking 없이 강의를 시작하는 것은 연애할 때 아무런 작업 없이 바로 목적한 바를 달성하고자 하는 것과 같다. 충분한 마음 다스리기를 한 후 강의를 시작하면 학습자들은 강의에 몰입할 수 있고 주의집중할 수 있다. 학습자들과의 래포(rapport) 형성을 위해서도 강의를 시작하기 전 Ice Breaking은 필요하다.

1. Ice Breaking

① Ice Breaking 1: 주인님 모시기

'주인님 모시기'는 교육기간 중 게임에서 이기는 사람은 주인이 되고 지는 사람은 하인이 되는 것이다. 하인은 주인이 시키는 대로 해야 한다. 즉, 쉬는 시간에 물, 커피, 간식 등 요구하는 대로 다 들어 주어야 한다. 교육도 중요하지만 어떻게 보면 이 게임이 훨씬 더 중요할 수도 있다고 설명하면서 자연스럽게 교육의 분위기를 살리고 옆사람과 Ice Breaking이 될 수 있게 한다. 이와 같이 게임 등을 이용하여 강의 시작 시 학습자들로 하여금 학습이 재미있을 것이라는 느낌을 갖게 하는 것이 중요하다. Ice Breaking을 하는 여러 가지 방법들 중 몇 가지를 소개한다.

엄지손 맞추기

- 손을 깍지 낀다.
- 엄지손가락 두 개만 가지고 한다.
- 상대방과 '가위 바위 보' 해서 이긴 사람이 먼저 한다.
- '셋' 했다면, 자기 엄지손가락을 두 개 올리고 상대방이 엄지손가락 하나를 올리면 되는 것이다.
- 자신이 말한 숫자대로 엄지손가락이 올라오면 이기는 게임이다.

손바닥 뒤집기

- 탁자 위에 양손의 손등이 하늘로 향하게 나란히 내려 놓는다.
- 상대방과 가위 바위 보를 해서 이긴 사람이 먼저 한다.
- '하나, 둘, 셋!' 하면서 나도 손바닥을 뒤집고 상대방도 손바닥을 뒤집는다.
- 자신이 뒤집은 손바닥 모양처럼 상대방이 같은 방향으로 손바닥을 뒤집으면 이기는 게임이다.
- 여기서 나와 상대방은 한 손을 뒤집든, 다른 또는 양손을 뒤집든 무조건 손바닥을 뒤집어야 한다.

고개 돌리기

- '하나, 둘, 셋!' 했을 때 같은 방향으로 고개를 돌리면 이기는 게임이다.
- 고개를 돌리라고 했는데, 어떤 사람은 눈만 돌아가는 경우도 있다. 그렇게 하면 안 되고 고개가 돌아가야 된다.

손바닥으로 고개 돌리기

- 손을 상대방 얼굴 한가운데 세로로 세워 놓는다.
- '하나, 둘, 셋!' 하면서 손을 오른쪽이든 왼쪽이든 한쪽으로 가게 하여 고개를 돌리게 만드는 게임이다.
- 손이 가는 방향으로 고개가 돌아가면 이기는 게임이다.

새우깡 게임

- 일대일로 내가 '새'라고 하면 상대방은 '우', 다시 나는 '깡', 상대방은 다시 '새', 나는 '우', 상대방은 '깡' 하면서 게임을 하는 것이다.
- 게임 도중 다른 말이 튀어나오거나 머뭇거리면 지게 된다.

② Ice Breaking 2: 혼자 왔습니다

이 방법은 강의를 시작하기 전에 분위기를 조성하기 위해 할 수 있다.

- 전체 인원은 10명 내외로 하는 것이 좋다. 인원이 많을 경우에는 팀을 나누어서 한다.
- 전체가 빙 둘러 원을 그리게 한 후 의자에 앉는다.

- 팀원 중 한 사람을 선발하여 판정관 역할을 한다.
- 팀원 모두 손을 맞잡고 앉았다 일어섰다를 두 번 한다.
- 본격적인 게임으로 한 명이 일어서면서 '혼자 왔습니다' 를 외친다.
- 그다음에는 옆에 있는 사람이 같이 일어서면서 '둘이 왔습니다' 를 외친다. 그다음에는 옆에 있는 사람이 같이 일어서면서 '셋이 왔습니다' 를 외친다. 이렇게 계속한다.
- 맞고 틀리고는 판정관이 판단한다. 일어서야 할 곳에서 일어서지 않거나 일어서지 말아야 할 곳에서 일어서면 틀리는 것이다.
- 틀린 사람의 얼굴에 판정관이 스티커를 붙인다.

⇨ 피드백

1. 누구나 실수를 할 수 있다. 그러므로 실수를 너그러이 보아 주는 아량이 필요하다고 말해 준다.
2. 또한 얼굴에 스티커가 가장 많이 붙은 사람에게 박수를 쳐 주게 한다. 왜냐하면 그 사람 때문에 재미있게 게임을 할 수 있었기 때문이다.
3. 교육을 받으러 올 때는 혼자 왔으나 교육을 마치고 돌아갈 때는 혼자가 아닌 동료들과 함께라는 의식을 갖게 한다. 교육 중에도 많은 사람들과 사귀어, 교육을 마칠 때는 많은 친구를 만들기 바란다는 메시지를 전해 준다.
4. "다른 학습의 장에서는 15분을 하여도 '일곱이 왔습니다' 까지밖에 못했는데, 이번 교육에서는 '열이 왔습니다' 를 다 했습니

다. 아주 팀워크도 좋고 단합이 잘 되는 것 같습니다."라고 하
여도 좋다.

2. 팀 및 개인소개 방법

팀 및 개인소개 방법은 여러 가지가 있지만 여기서는 몇 가지만
소개한다. 첫째, 개인별 학습목표나 학습에 대한 기대사항을 쓴다.
둘째, 팀 역할 구분을 한다. 셋째, 팀명을 정한다. 넷째, 팀 에너지
살리기를 한다. 다섯째, 자기 팀의 ground rule을 정한다. 여섯째,
자기소개 시간을 갖는다. 이러한 여섯 가지 내용을 한꺼번에 다 적
어 놓은 후 진행하지 말고 한 가지씩 작성하여 발표한 후 다음 과제
로 넘어간다. 방법은 다음과 같다.

① 팀 역할 구분

개인적으로 학습목표와 기대사항을 쓴다. 자발적으로 팀 리더를
선정한다. 자발적으로 할 사람이 없을 때에는 다음과 같이 한다. 팀
원 모두 오른손을 높이 들면서 가위 표시를 한다. 진행자가 '하나,
둘, 셋!' 하면 팀원 중 리더가 될 만한 사람을 손가락으로 지명한
다. 손가락의 표시를 가장 많이 받은 사람이 리더가 된다. 팀 리더
는 일어나서 자기 팀을 어떻게 이끌고 나가겠다는 소견을 1분간 발
표한다. 그다음 팀 리더는 자신을 도와줄 보조자를 한 명 선출한다.

정견발표는 30초간 한다.

② 팀명 정하기

팀명은 긍정적인 것이 좋다. 예를 들어, '변강쇠, 픽사리, 피박' 등은 좋지 않다. 팀장을 중심으로 팀명이 만들어졌으면 팀을 대표할 수 있는 동물을 그린다. 또는 팀명과 맞는 그림을 그린다.

③ 팀 에너지 살리기

팀 에너지 살리기는 '아싸'가 들어가는 구호 정하기로 하면 좋다. 예를 들면, 팀명이 로또복권이라면 '아싸 로또복권(짝짝짝)' 또는 팀명이 얼짱이면 '아싸 얼짱(짝짝짝)' 하면 된다. 이때 '짝짝짝'은 박수를 세 번 친다. 이와 같은 팀 에너지 살리기는 쉬는 시간이 되었을 때, 그리고 시작시간에 한 번씩 한다. 팀 에너지 살리기를 하는 팀에게는 점수를 부여한다. 교육이 끝날 때까지 팀원들이 적극 참여할 수 있도록 항상 팀의 점수를 칠판이나 큰 종이에 적어서 모든 학습자들이 볼 수 있게 한다. 팀 에너지 살리기와 함께 발표할 때 또는 토론할 때에도 가끔씩 팀에 점수를 부여하여 각 팀별로 경쟁 및 학습에 참여하도록 유도한다. 그리고 교육 종료 시에는 반드시 우승팀을 가려서 상품을 준다. 상품은 즉석복권이나 사탕, 초콜릿 또는 도서상품권 등이 좋다. 이렇게 정해 놓고 강의를 하면 강의 시작부터 끝날 때까지 학습자들이 적극적으로 참여할 수 있는 분위기를 조성할 수 있다. 실제로 진행을 해 보면 휴식시간이 되기 직전에는 팀원들이 강의가 언제 종료되는지 강사의 입만 보고 있다가 '쉬었다가 하겠다' 라는 말이 떨어지는 순간 팀 에너지 살리기를 바로 하는 경우가 많이 있다. 그리고 시작시간에 그냥 내버려 두더라도 한 팀이 자동적으로 시작시간을 모두에게 알려 준다. 한 팀이 팀 에너지 살리기를 하면 다른 팀들도 빨리 자리에 앉아 팀 에너지 살리기를 하게 된다. 처음부터 끝까지 학습자들이 자발적으로 학습에 참여할 수 있게 만드는 아주 좋은 방법이라고 할 수 있다.

④ 우리 팀의 ground rule 정하기

팀원들이 학습기간 동안 자발적으로 지킬 수 있는 규칙을 정하여 학습에 적극 참여하도록 유도한다. 예를 들면, 교육 중 휴대폰 소리가 울렸을 경우에는 벌금 천 원 또는 강의 시작 시 지각할 경우에는 교육이 끝난 후 점심식사 대접하기, 옆사람 이름을 부르지 않고 '저기요' 라고 부르면 삶은 계란 한 판 사오기, 아침에 만났는데 인사하지 않으면 '안녕하세요' 라고 열 번 써오기, 교육에 불참하면 팀원 모두에게 커피 사주기 등 자율적으로 교육기간 중 지켜야 할 규칙들을 정하게 한다.

5 자기소개

이상과 같은 작업이 다 끝났을 경우 개인별 학습목표 적은 것을 포함해서 자기의 이름, 소속, 경력, 최근 관심사, 취미, 특기 등을 위주로 개인별 소개시간을 갖는다. 이러한 시간이 끝나면 강사는 학습자들에게 다음과 같은 피드백을 해 준다. 이틀 교육이든 사흘 교육이든 간에 겉으로 드러난 교육과정도 중요하지만, 교육 중 학습자 상호간의 친목도모도 매우 중요하므로 학습기간 중 많은 사람들을 사귈 수 있기를 바란다고 말한다. 그런 후 강사가 학습자들에게 바라는 기대사항을 다음과 같이 말하고 지켜 주기를 요청한다.

마음의 문을 활짝 열어 봅시다.
- 우선 자신의 마음을 활짝 열어 봅시다.
- 편견이나 고집을 버리고 상대방의 생각을 제대로 이해하려고 노력합시다.
- 다른 사람의 생각이나 경험에 귀를 기울입시다.
- 편안한 마음을 가지고 학습에 참여합시다.

상호학습이 이루어지도록 합시다.

- 학습자들의 자발적인 참여가 이루어지도록 노력합시다.
- 자신의 지식이나 경험을 상대방과 적극적으로 교환합시다.
- 사소해 보이는 경험이나 생각이 상대방에게는 훌륭한 경험이 될 수 있습니다.

개인은 모두 다 다르다는 것을 받아들입시다.

- 사람은 모두 다 다릅니다. 그러므로 상대방의 의견이 나와 다르다고 해서 무시하거나, 상대방이 틀렸다고 하거나, 상대방에게 화를 내서는 안 됩니다.

학습이 여기에서 끝나지 않고 현업에서도 적극 활용될 수 있는 방법을 찾으면서 학습해 나갑시다.

- 다른 사람을 변화시키려고 하기보다 내가 먼저 변하겠다는 생각을 가집시다.
- 학습한 내용을 현업이나 일상생활 속에서 생활화할 수 있도록 노력합시다.

이와 같이 하여 팀 및 개인별 소개시간을 갖는 것으로 교육과정을 도입할 수 있다.

6 나는 어떤 유형인가?

Vacationer(휴식형)
쉬면서 놀려고 온 사람, 그리고 일 안 하니 일단 좋다는 유형의 사람이다.

Prisoner(감옥형)
억지로 끌려온 사람, 윗사람 지시니 어쩔 수 없이 온 사람, 할 일 많아 골치 아픈데 오라고 해서 온 유형의 사람이다.

Professor(교수형)
100% 새로운 것 아니라고 생각하고 참여하지 않는 유형으로, 예전에 이미 다 배웠다고 생각하거나 교육경험이 많은 유형의 사람이다.

Explorer(탐색형)
새로운 것을 배우려는 마음가짐으로 눈이 반짝거리는 유형의 사람이다.

이곳에 온 나는 어떤 유형인지 생각해 보고 어떤 유형으로 참석했든지 간에 학습에 편안하게 임할 수 있도록 격려해 준다.

Carl R. Rogers는 이렇게 이야기하였다. "나는 사람이 사람을 가르칠 수 있다는 사실을 믿지 않는다. 가르친다는 것의 효용성마저 의심한다. 내가 아는 사실은 단 한 가지, 배우려는 사람만이 배울 수 있다는 것이다. 배우려고 하는 마음가짐이 중요하다는 것을 학습자에게 인식시켜 주는 것이 중요하다."

3. 자기소개 방법

① 강사 자신을 소개하는 방법

명강사가 되기 위해서는 먼저 자신의 존재를 학습자들에게 각인시켜야 한다. 더욱이 강의를 시작하기 전에 반드시 이루어져야 하는 부분이 자기소개다. 이 시간에 학습자들은 강사가 강의를 잘할 수 있는지 없는지를 판단하게 된다. 철저히 준비해서 첫 만남에서 학습자들을 집중시키는 것이 중요하다. 나 알리기 작업은 강의시간이 얼마냐에 따라서 길어질 수도 있고 짧아질 수도 있다. 적어도 1박 이상 교육하는 강의에서는 구체적으로 자세히 하는 것이 바람직하다. 그러나 5시간 이하의 강의에서는 너무 구체적으로 하는 것을 피한다. 즉, 이름, 경력을 간단하게 소개하고 마무리하는 것이 바람직하다. 짧은 강의시간에 자기소개를 10분 이상 하면 시간 때우는 것으로 오해할 우려가 있기 때문에 강의시간이 짧다면 간단 명료하게 하는 것이 바람직하다. 나 알리기 작업방법은 주로 이름, 나이, 경력, 학력,

취미나 특기 등을 위주로 하게 된다.

이름으로 소개하는 경우

이름이 지어지게 된 배경을 가지고 풀어 나가는 방법이다. 필자가 사내강사 양성과정 강의를 할 때 한 친구가 자신의 이름을 소개한 예를 보자. 그는 칠판에 'Air System'이라고 써 놓고 자기 이름을 소개하였다. 그가 말하기를, "나는 에어 시스템이다." 즉, 에어 시스템을 우리말로 풀어 쓰면 '공기식'이다. 자기의 이름이 바로 공기식이란 말이다. 이와 같이 자기의 이름을 특화해서 소개할 경우 학습자들은 강사의 이름을 쉽게 기억할 수 있다.

별명으로 소개하는 경우

별명을 가지고 소개할 수도 있다. 예를 들면, 유머 강사 김진배의 경우 자신의 이름에서 받침을 다 제거하면 어떻게 되는가? '기지배'가 된다. 그래서 별명이 기지배가 되었고 이처럼 아이들이 놀렸던 기억이 난다는 것이다. 그 별명이 왜 붙여졌으며, 별명의 특징, 별명이 가지는 의미 등에 대해서 이야기해 주는 것도 좋은 방법이다.

나이로 소개하는 경우

단순히 '내 나이는 몇 살이다.' 이런 식의 방법보다는 나이와 연관지어서 자신을 잘 알리는 방법을 모색해 보는 것이 필요하다. 내가 태어난 시대 또는 가장 결정적인 시기에 발생했던 어떤 사건을 가지고 풀어 나갈 수도 있다. 겉으로 드러나는 나이와 내면의 나이를 가지고 이야기할 수도 있다.

경력과 학력사항으로 소개하는 경우

경력과 학력의 경우에는 있는 사실을 가지고 나 알리기를 하되, 지나치게 자랑하는 식으로 소개하는 것은 금물이다. 물론 자신을 소개하기 위해서는 경력과 학력에 대해 모든 것을 다 알리는 것이 좋지만, 상대방에게 거부감이 생길 수 있게 말을 하거나 소개해서는 안 된다. 경력과 학력은 처음에 소개하는 것도 방법이긴 하지만 문제를 풀어 나가다가 나중에 기회가 있을 때 간접적으로 이야기할 수도 있다.

학력과 경력이 그다지 화려하지 않을 경우에는 어떻게 할까? 이럴 경우에는 학력과 경력 대신 자신을 소개하는 방법을 연구해 보는 것이 좋다. 예를 들어, 윤옥한의 '진실 혹은 거짓 맞히기 게임'을 하면서 은연중에 자기소개를 한다.

"지금부터 나에 대한 열 가지 사항들이 맞는지 틀리는지 맞혀 보세요. 가장 많이 맞힌 분에게는 선물을 드립니다."

1. 나의 키는 170센티미터 이상이다.	진실 혹은 거짓
2. 나는 자격증이 5개 이상이다.	진실 혹은 거짓
3. 나는 운전면허증이 있다.	진실 혹은 거짓
4. 나는 내 이름으로 책을 쓴 적이 있다.	진실 혹은 거짓
5. 나의 주량은 소주 한 병이다.	진실 혹은 거짓
6. 나의 별명은 촉새다.	진실 혹은 거짓

7. 나의 취미는 공부하고 연구하는 것이다.   진실 혹은 거짓
8. 나의 꿈은 유능한 강사가 되는 것이다.   진실 혹은 거짓
9. 내 핸드폰에 저장된 사람의 수는 100명 이상이다.   진실 혹은 거짓
10. 나의 콤플렉스는 코다.   진실 혹은 거짓

이와 같이 문제를 자신에게 맞게 흥미 있게 재구성하여 학습자들로 하여금 맞혀 보도록 한다. 물론 학력이나 경력이 화려하더라도 이렇게 구성하여 자기 자신을 소개할 수 있다. 여러 가지 측면에서 자신을 PR할 부분이 약할 경우 이러한 내용을 구성하여 나를 소개할 수 있다.

취미와 특기로 소개하는 경우

취미와 특기 또는 강점과 약점도 말할 수 있다. 취미와 특기는 있는 그대로를 말하는 것이 좋다. 그리고 그 취미가 가지는 의미도 구체적으로 설명해 주는 것이 좋다. 특기 부분을 말하고 난 뒤에는 자신이 못하는 부분도 이야기해 주는 것이 좋다. 자신의 강점으로 부각되는 부분을 말하는 것은 물론, 자신의 약점을 약간 드러내 보이면서 소개하는 것도 하나의 방법이 될 수 있다. 예를 들면, "내 취미는 주로 책 보고 연구하고 글 쓰고 하는 것…… 빼고는 다 좋아합니다."와 같이 반전을 줄 수도 있다. 처음에 책 보고 연구하고 글 쓰는 것 하면 학습자들이 아주 조용해진다. 그런데 그것 빼고는 다 좋아한다고 하면 한바탕 웃음이 나오게 된다.

이러한 나 알리기 작업은 강의를 시작할 때 바로 할 수도 있지만 상황에 따라서는 교육목적이나 목표, 과정개요를 먼저 설명하고 난 후에 할 수도 있다. 교육장 분위기와 학습상황에 따라 바로 할 것인 지 목적이나 목표 과정개요를 설명하고 난 후 할 것인지를 판단한다.

② 교육 참가자들의 상호소개 방법

자기소개는 그냥 자유롭게 하는 방법도 있지만 일정한 규칙을 정해서 발표하는 것도 좋다. 예를 들면, 두 사람씩 1분간 대화를 나눈 후 상대방이 나를 소개해 주는 방식으로 하는 것도 한 가지 방법이다. 또한 소개할 내용을 미리 몇 가지 정해 준다든지 해서 하는 것이 효과적이다. 교육 참가자들이 자기 자신을 소개하는 여러 가지 방법에 대해서 알아보자.

자기이름 작성을 통한 People Bingo

교육 참가자들의 상호소개 및 교류의 증진을 위해서 실시한다. 인원은 25명 정도가 적합하고 그 이상일 때에는 변형하여 실시해도 좋다. 진행방법은 다음과 같다.

• 참가인원 수만큼 빙고카드를 준비한다.
• 빙고카드의 등록란에 자기의 이름을 쓰도록 한다.
• 자기 이름을 쓴 후 다른 사람과 악수를 하고 인사하면서 이름을 써달라고 요청한다.

- 서명을 다 받은 후 어느 한 명을 시작으로 자신을 소개한 후 소개한 사람이 다른 사람을 지명하여 소개하도록 한다.
- 포상방법을 결정하여 해당자에게 포상한다. 예를 들면, top line이 다 소개되면 다 소개된 사람이 '빙고'라고 크게 외치면 소정의 상품을 주면 된다. 또는 bottom line으로 정하든지 four coner를 정하든지 하는 것은 진행자 마음이다.
- 소개된 사람은 빗금을 쳐서 포상방법을 잘 들은 후 빙고를 하면 된다.

빙고카드

등록란 (본인 이름)				

그림을 통한 자기소개

형식적인 자기소개 방식에서 벗어나 그림 그리기를 통해 참여의
식과 서로에 대한 호기심을 유발시켜 단시간 내에 구성원 간의 친밀
감을 높일 수 있는 방법이다. 준비물로는 A4 용지, 크레파스, 컬러
펜 등이 있으면 된다. 진행방법은 다음과 같다.

- 종이와 그림을 그릴 수 있는 용구를 나누어 준 후 자신을 가장
  잘 나타낼 수 있는 그림을 그리게 한다. 이때 그림을 잘 그리고 못
  그리는 것은 문제가 되지 않는다고 말해 주는 것이 좋다. 왜냐하
  면 그림을 못 그리는 사람은 반감을 가질 수도 있기 때문이다.
- 그림의 내용에는 제한을 두지 않도록 하며 가족 구성, 출생지,
  자신의 신조, 가치, 현재의 심정 등을 자유롭게 하여 자신을 가
  장 잘 나타낼 수 있는 그림을 그리면 된다.
- 시간은 5~10분 정도로 한다.
- 그림을 다 그렸으면 한 사람씩 차례로 그림 내용을 중심으로 자
  기를 소개한다. 이때 나머지 사람들은 그림에 대한 느낌을 이야
  기하도록 하는 것이 좋다.
- 그림에 대해 부담감을 느끼는 사람을 고려하여 진행자 자신이
  먼저 쉬운 그림을 준비하여 칠판에 붙여 두는 것도 좋은 방법
  이다.
- 아예 못 그리는 사람에게는 동그라미나 네모, 세모 등도 좋으니
  자신의 개성을 나타낼 수 있도록 아무것이나 그려도 좋다고 설
  명하며, 또한 글씨로 보충해도 무방하다고 알려 준다.

- OHP에 그림을 그려 한 사람씩 소개하여도 좋다.
- 자기소개가 다 끝나면 교육기간 중 적당한 장소에 그림을 붙여 두고 심경의 변화가 일어날 때마다 그림을 더 그려 넣도록 한다. 휴식시간이 있다면 다른 교육생이 볼 수 있는 공간에 붙여 두는 것이 바람직하다.

테니스공을 통한 자기소개

단순히 말로만 하는 것보다 약간의 활동을 가미한 자기소개를 통해 상호간의 친밀감을 도모할 수 있다. 준비물로는 테니스공만 있으면 된다. 진행방법은 다음과 같다.

- 진행자가 학습자 중 한 사람에게 테니스공을 던져 주면서 자신의 이름을 소개한다.
- 공을 받은 사람은 다시 다른 학습자에게 테니스공을 던져 주면서 자신의 이름을 소개한다. 이와 같은 방법으로 하되, 한 번 소개한 사람에게는 테니스공을 던지면 안 된다.
- 이때 자신의 이름만 소개하면서 할 수도 있고 자신의 이름과 좋아하는 음식을 함께 말하면서 할 수도 있다. 예를 들면, '홍길동, 김치찌개' 하면서 다른 사람에게 공을 던진다. 또는 '김삿갓, 인사부, 김치찌개' 하면서 공을 던진다.
- 이러한 단계가 끝나면 교육생 수를 생각하여 시간을 단축시키는 방법을 모색해 보게 하여 똑같은 방법으로 진행해 본다.
- 팀별로 나누어져 있을 경우 위와 같은 요령으로 테니스공이 학

습자 모두의 손을 거치게 하여 가장 짧게 소개하는 방법을 모색해 보게 한다.

이름 외우기를 통한 자기소개

이 게임은 팀원들의 이름을 외우고 있어야 할 수 있다. 즉, 진행자가 지목하는 사람의 시계방향으로 이름을 나열한다. 이름과 함께 소속도 말할 수 있으며, 직급도 같이 말할 수 있다. 예를 들면, '최진실 인사부 과장, 김희애 연수부 대리, 하리수 총무부 부장' 등과 같이 연이어 앞의 사람을 반복하여 말하면서 끝까지 하게 하는 방법이다. 처음에는 팀별로 돌아가면서 자기소개를 한다. 자기소개가 다 끝난 시점에서 앞사람의 이름과 소속 직급을 반복하여 소속 팀원 전부 하게 한다. 만약 중간에 틀리게 되면 틀린 사람부터 다시 시작한다. "최진실 인사부 과장 옆에, 김희애 연수부 대리 옆에, 하리수 총무부 부장 옆에, 장동건 자재부 차장 옆에, 태진아 공무부 사원 옆에, 설운도 기획팀 대리 옆에 있는 홍길동 인사부 과장입니다."와 같이 진행하면 된다. 이렇게 함으로써 팀원들 모두의 이름과 소속 직급을 알 수 있게 하는 방법이다.

마인드맵을 통한 자기소개

마인드맵(mind map)이란 영국의 Tony Buzan에 의해 고안된 학습방법으로, 인간의 두뇌라는 무한한 용량의 컴퓨터에 읽고 생각하고 분석하고 기억하는 그 모든 것들을 지도를 그리듯 해야 한다는 독특한 학습방법이다. 이 방법은 이미지와 핵심단어, 그리고 색과 부호를 사용함으로써 좌우 뇌의 기능을 유기적으로 연결하여, 우리의 능력을 최대한 발휘할 수 있게 하는 21세기형 정보관리 및 활용 기법이다. 이 방법은 자기소개를 통하여 창조적 사고와 논리적인 사고를 함양할 수 있다. 준비물로는 A4 용지와 여러 가지 색깔의 색연필이나 형광펜이 있으면 된다. 진행방법은 다음과 같다.

- 종이의 중앙에서 시작한다.
- 그림 이미지로 표현한다.
- 만약 그림으로 표현하기 어려우면 그림과 핵심단어의 혼용도 가능하다.
- 그림의 크기는 마인드맵 용지의 크기에 맞추어 정한다.
- 그림은 3~4색 정도로 채색한다.
- 그림을 그린 후 틀을 만들지 않는다.
- 생각의 핵심이 되는 주제는 항상 중심 이미지에서 시작한다.
- 중심 이미지에 관련된 주요주제는 사람의 몸에 붙어 있는 팔처럼 연결하여 표현한다.
- 가지들의 연결은 핵심 이미지와 핵심단어를 통해 확산한다.
- 계속 이어지는 부주제들은 나뭇가지의 마디마디가 서로 연결되어 있는 듯한 구조가 된다.

메모카드를 통한 자기소개

자신이 직접 자신을 소개하는 것보다 다른 사람이 자신을 소개해 줌으로써 상대방과 친밀감을 도모하고 한 사람이라도 더 알 수 있게 해 준다. 준비물은 메모카드 또는 명함이 있으면 된다. 진행방법은 다음과 같다.

- 메모카드나 명함 뒷면에 직접 자기의 이름, 소속, 취미, 최근 관심사, 성격, 좋아하는 음식, 장단점 등을 적는다. 이때 적는 내용은 진행자가 알아서 하되, 4~5가지 정도로 하는 것이 좋다.
- 메모카드나 명함을 걷어 고루 섞은 후 다시 학습자에게 배부한다.
- 배부된 것을 가지고 어느 한 사람을 지명하여 자신이 가지고 있는 카드를 학습자들에게 소개하게 한다.
- 소개된 사람은 일어선다.
- 소개가 끝나면 일어선 사람은 "감사합니다."라고 한 후 소개할 내용이 있으면 하도록 한다. 그런 후 서 있는 사람이 다른 한 사람을 지명하여 소개하도록 한다.
- 자신이 가지고 있는 메모카드나 명함을 버리지 않고 계속 가지고 있으면서 교육 중 그 사람과 집중적으로 대화를 하면 최소한 두 사람과 친밀한 인간관계를 만들 수 있다.

의자 위 자기소개

상호간의 스킨십 또는 활동을 통하여 자기소개를 함으로써 친밀감을 도모할 수 있으며 진행방법은 다음과 같다.

- 처음에는 자기의 이름, 소속, 관심사, 성격, 장단점 등을 말하

고 맨 마지막에 좋아하는 음식이나 동물을 말하게 한다.

- 팀별로 실시하되, 인원은 7~8명 정도로 하는 것이 좋다.
- 각 팀별로 앞으로 나오게 한다.
- 실내일 경우 의자를 7~8개 옆으로 붙여 놓고 한 팀이 발표할 경우 다른 팀은 뒤에서 의자를 잡아 준다.
- 발표할 팀은 의자 위에 자연스럽게 서게 한다.
- 맨 마지막에 동물 이름을 말하게 한 경우 의자 위에서 다시 자기소개를 한 후 동물 이름 대신 처음에 자신이 말한 동물의 울음소리를 낸다.
- 동물의 크기에 따라 순서대로 서게 한다.
- 맨 마지막에 좋아하는 음식을 말하게 했을 경우 똑같은 방법으로 음식값이 비싼 순서대로 서게 한다.
- 야외의 경우 통나무가 있으면 그 위에서 해도 좋다. 또한 각 팀별로 동시에 실시하여 팀워크의 정도를 보는 방법으로 활용하여도 좋다.

좋은 친구와 싫은 친구를 통한 자기소개

참가자들의 양면적인 모습을 스스로 소개함으로써 집단 상호작용에 필요한 분위기를 조성한다. 적정 인원은 20명 내외이며 다수인 경우에는 소그룹으로 편성하여 실시한다. 준비물로는 빈 의자 1개, 나에 대한 친구의 평판 시트, 필기구가 있으면 된다. 진행방법은 다음과 같다.

- 해당 프로그램의 목적을 간단히 이야기한다.

- 참가자들에게 "여러분, 마음속에 당신에게 우호적이면서 동시에 당신을 가장 정확히 알고 있는 사람 한 명을 떠올리십시오. 어머니, 아버지, 부인, 남편, 형제, 친구 등 아무라도 좋습니다. 여러분이 생각하고 있는 그 사람을 이번 시간에는 당신의 가장 좋은 친구라고 부르겠습니다."라고 말한다.
- 계속해서 "이번에는 당신에게 적대적이면서 동시에 당신에 대하여 오해와 편견을 가지고 있다고 생각되는 사람을 한 명만 떠올리십시오. 상사나 부하 혹은 동료, 헤어진 연인이나 한때의 친구 등 누구라도 좋습니다. 여러분이 생각하고 있는 그 사람을 이번 시간에는 당신의 가장 싫은 친구라고 부르겠습니다."라고 말한다.
- '나에 대한 친구의 평판' 시트를 배포하고 필요한 내용을 기재하도록 한다.
- 한 사람씩 중앙의 빈 의자 뒤에 나와 시트에 기재한 내용대로 친구의 입장에서 자신을 소개한다. 빈 의자에는 당신 자신이 앉아 있는 것이며 의자 뒤에 서 있는 당신은 바로 친한 친구, 싫은 친구인 것이다.
- 모두의 소개가 끝나면 질문 및 느낌의 표현 등을 통하여 상호간의 이해를 깊게 한다.
- 자기 자신을 소개할 때 '나에 대한 친구의 평판' 시트에 기록되어 있는 것만을 소개하도록 한다.
- 두 명 혹은 세 명씩 짝을 지어 한 사람은 의자에 앉고 나머지 사람은 친구의 입장이 되어 서로 소개해 줄 수도 있다.

→ 나에 대한 친구의 평판 시트

다음 각 항목의 질문에 대해 당신의 가장 좋은 친구와 가장 싫은 친구가 당신에 대해 갖고 있다고 생각되는 느낌을 상상하여 그 내용을 해당란에 기재하여 주십시오.

나의 이름은 홍길동입니다.

	나의 가장 좋은 친구	나의 가장 싫은 친구
홍길동의 인간유형		
홍길동의 장점		
홍길동의 단점		
홍길동의 십 년 후의 모습		
홍길동을 좋아하는 이유		
홍길동을 싫어하는 이유		

윤회 악수를 통한 자기소개

참가자 모두가 손을 잡으며 인사와 소개를 나눔으로써 신체 접촉을 통한 친밀감을 도모한다. 진행방법은 다음과 같다.

• 특정인, 즉 진행자, 대표자, 최고령자, 표창자 등을 중심으로 차례로 악수를 교환하며 서로 소개를 한다. 기념품이 있으면 교

환해도 좋다. 명함을 교환하면서 하는 것도 바람직하다.

- 상호소개가 끝나면 앞사람의 왼편 혹은 오른편에 서서 뒤에 오는 사람과 악수와 소개 및 교환한다.
- 동일한 방법으로 소개를 하고 계속해서 왼편 혹은 오른편에 선다.
- 동일한 방법으로 계속 진행하되, 전체가 원형을 이루도록 한다.
- 인원이 20명 이상이고 한 번에 소개하고자 할 때 하는 것이 바람직하며, 교육을 종료할 때 헤어지는 인사로 사용하는 것이 효과적이다. 악수가 끝난 상태에서 원형으로 종료의식을 거행해도 좋다.

통계에 근거한 재미있는 자기소개

그림을 하나씩 보여 주면서 자기소개하는 방법이다. 즉, 남자들에게 물어보았다. 제일 좋아하는 여자 연예인 3위는 누구인가? 이효리, 2위는 하지원, 1위는 전지현. 순위는 어떻게 하든지 관계없다. 소개하면서 "어떤 사람은 강부자라고 하는데 여기는 없는 것 같다."라고 하면서 유머를 삽입한다.

다음엔 여자들이 좋아하는 남자 연예인으로 3위는 권상우, 2위는 배용준, 그렇다면 1위는? 어떤 사람은 '강호동' 하는 사람도 있더라. 1위는 누구? 하면서 본인을 소개한다.

그러면서 이 자료는 우리 회사 직원들을 대상으로 조사한 결과라고 이야기한다. 아주 창의적이면서도 재미있게 나를 소개할 수 있는 방법이다.

3행시를 통한 자기소개

먼저 재미있는 3행시를 소개한다.

> 김희선: 김희선이 옷을 벗는다. 희미하게 보인다. 선다.
> 고소영: 고소영이 옷을 벗는다. 소리 없이 벗는다. 영감도 선다.
> 하리수: 하리수가 옷을 리얼하게 벗는다. 수컷이다.
> 서갑숙: 서갑숙이 옷을 벗는다. 갑자기 벗는다. 수그러든다.
> 이영자: 이영자가 옷을 벗는다. 영 아니다. 자자.

이와 같이 먼저 이야기해 주고 자기 이름을 가지고 3행시를 짓게 한 후 발표한다.

2인 대화를 통한 자기소개

2인 대화를 통한 자기소개는 두 사람씩 짝을 짓게 한 후 서로를 깊이 있게 소개하는 방법이다. 서로를 소개하는 과정은 몇 단계가 있다. 단계별로 다음과 같은 주제를 가지고 소개해 나가면 된다.

만남 1

다음 항목에 대하여 둘이 번갈아가면서 대화를 진행하십시오.

• 나의 이름은 ···

• 내 이름의 뜻은 ···

• 나의 가족사항은 ···

• 나의 고향은 ···

• 내가 여기 와 있는 이유는 ···

- 현재 나의 기분은 …………………………………………………………

만남 2

인간관계를 발전시키는 데 있어 가장 중요한 기술은 경청(주의 깊게 듣는 것)하는 것입니다. 상호 경청능력을 발전시키기 위하여 다음과 같이 해 보십시오.

나의 취미는? …………………………………………………………

(나의 취미는 주말마다 등산하는 것입니다) 이때에 듣고 있는 사람은 들은 것을 자기의 말로 반복한 다음 자신의 이야기를 한다. 즉, "당신의 취미는 주말마다 등산하는 것이군요."라고 말한 다음 "나의 취미는 여행입니다."라고 이야기한다. 이때 먼저 말한 사람은 자기가 말한 것을 상대방이 정확히 이해했는지 확인하고 잘못이 있으면 교정해 준다. 이제부터는 위와 같이 상대방이 말한 내용을 반복하고 같은 번호의 항목에 대한 자신의 이야기를 하면 된다.

- 나의 특기는 …………………………………………………………
- 내가 존경하는 인물은 …………………………………………………
- 내가 싫어하는 사람은 …………………………………………………
- 나의 장래 포부는 ………………………………………………………

만남 3

이번에는 상대방의 눈을 똑바로 보면서 상대방이 한 말을 반복하지 말고 서로의 이야기를 하십시오.

- 현재 나의 기분은 ………………………………………………………
- 당신에 대한 나의 첫인상은 ……………………………………………

- 회사생활에서 가장 중요하다고 생각되는 것은 ·····················
- 성공이란 말에 대한 나의 해석은 ·····························

만남 4

이번에는 서로의 손을 마주 잡고 눈을 응시하면서 이야기해 보십시오.

- 지금 느끼는 나의 기분은 ·······························
- 내가 혼자라고 느낄 때 나는 ·······························
- 대중 속에서 나는 ·································
- 내가 가장 어울리는 집단은 ·······························
- 내가 만약 다시 태어난다면 ·······························

4. 주의집중 방법

강의를 잘해 나가기 위해서 가장 중요한 것 중의 하나가 학습자들의 시선을 끄는 일이다. 그중 강의를 시작하는 시점에서 학습자들이 강의를 들어야겠다는 마음가짐을 갖게 하는 것이 중요하다. 어떻게 학습자들의 주의를 집중시킬 것인가 하는 부분에 대해 많이 고민해야 한다. 여기서는 개인차를 중심으로 학습자들의 주의집중 방법에 대해서 알아본다.

사람은 다 개인차가 있다. 즉, 너와 나는 다르다. 그러므로 원만한 인간관계를 유지하기 위해서는 개인차가 있다는 것을 인정해야 한다. 즉, 상대방은 나와 다르기 때문에 나름대로의 가치와 존엄성을 인정해 주어야 한다. 그러나 대부분의 사람들이 너는 나와 다른 생각, 다른 사고방식, 다른 가치관 등을 가지고 있다는 것을 인정하지 않고 일방적으로 너의 생각은 틀리고 내 생각만 옳다는 사고방식을 가지고 살아간다. 이러한 사고방식 때문에 인간관계에서 많은 갈등이 야기된다. 지금부터는 나와 다른 사람이 다르다는 것을 확인하기 위한 실습을 해 본다.

질문 1에서 6까지 다음 페이지를 보지 않고 실습 후에 확인해 보자.

 아래 빈칸에 원을 세 개 그리고 그 위에 선을 그어 보라.
　　　　　(문장에 충실해서 하면 된다)

질문 2 다음 중 당신이 좋아하는 도형을 한 가지만 골라 보라.

　　가　　　　　나　　　　　다　　　　　라

질문 3 아래 영문을 보면 '＿＿＿＿ ake up'이라고 쓰여 있는데,
　　　　　당신은 뭐라고 읽고 싶은가?
　　　　　＿＿＿＿ ake up

질문 4 양쪽 손가락을 서로 엇갈리게 하여 깍지를 껴 보라.

질문 5 당신은 신발을 왼쪽부터 신는가? 오른쪽부터 신는가?

질문 6 '행복'이란 단어와 함께 연상되는 단어를 여덟 개만 적어 보라.

피드백

질문 1 '원을 세 개 그리고 그 위에 선을 그어 보라.'
단순 명쾌형 – 매사에 분명함을 좋아하는 사람

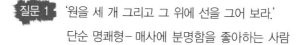

예술적 감각형 – 예술적 감각이 뛰어난 사람

구성적 감각형 – 구성력이 뛰어난 사람

이처럼 '원을 세 개 그리고 선을 하나 그어 보라.'는 간단한 질문에도 개개인이 가지고 있는 소질이나 특성에 따라서 반응하는 양식이 다양하게 나타난다.

질문 2 '다음 중 당신이 좋아하는 도형은 어느 것인가?'

사각형을 좋아하는 사람은 주로 합리적이고 논리적인 사람, 삼각형을 좋아하는 사람은 주로 인내심이 있고 끈기가 있는 사람, 육각형을 좋아하는 사람은 주로 현실에 불만족하고 변화를 추구하는 사람, 원을 좋아하는 사람은 주로 원만한 인간관계에 가치를 두고 있는 사람이라고 할 수 있다.

이와 같은 해석은 반드시 그런 것은 아니지만 대체로 그런 경향이 있다는 것이다. 사람에 따라서 좋아하는 도형도 다르다는 것을 알 수 있다.

질문 3 '영문을 보면 _____ ake up!이라고 쓰여 있는데, 당신은 뭐라고 읽고 싶은가?'

아마 W, M, T 중 어느 한 글자를 넣어서 읽었을 것이다. 이 문장 앞부분과의 문맥, 읽는 이의 기억 속에 있는 사고방식 등에 따라서 Wake up 또는 Make up, Take up 등으로 읽었을 것이다. 이처럼 사람은 동일한 자극에 대해서도 자기가 가지고 있는 인식이나 정보를 받아들이는 인지구조에 따라 각각 다른 반응을 나타낸다.

질문 4 '양쪽 손가락을 엇갈리게 하여 깍지를 껴 보라.'
어떤 사람은 왼쪽 엄지손가락이 위로 올라와 있고 어떤 사람은 오른쪽 엄지손가락이 위로 올라와 있을 것이다. 이처럼 사람마다 깍지를 끼는 방법도 다 다르다.

질문 5 '당신은 왼쪽부터 신발을 신는가? 오른쪽부터 신는가?'
어떤 사람은 왼쪽부터 신으며 어떤 사람은 오른쪽부터 신을 것이다. 여기서 우리가 알 수 있는 것은 신발 하나를 신는 것도 개인마다 다르다는 것이다.

질문 6 '행복이란 단어와 함께 연상되는 단어 여덟 개를 적어 보라.'
자신이 적은 여덟 가지와 다른 사람이 적은 여덟 가지를 비교해 보면 아마 똑같은 단어가 몇 개 없을 것이다. 대부분이 다섯 가지 이하로 나올 것이다. 이처럼 우리가 사용하는 일상적인 용어에 대해서도 연상되는 단어가 다른 것은 모든 사람이 다른 가치관과 기준을 가지고 있기 때문이다.

위에서 실습한 바와 같이 인간은 다 다르다. 굳이 이러한 실습을 하지 않더라도 인간은 개인차가 있다는 것을 알고 있다. 우선 겉으로 드러나는 차이로는 키가 큰/키가 작은, 피부가 흰/피부가 검은, 뚱뚱한/야윈, 눈이 큰/눈이 작은 사람이 있다. 겉으로 드러나지 않는 차이로는 유전인자, IQ, 염색체, 사고방식 등이 있다. 인간이 이렇게 제각기 다른 이유는 부모, 교육환경, 경험, 가치관, 생활방식

등이 다르기 때문이다.

이 세상에 똑같은 사람은 하나도 없다. 일란성 쌍생아도 똑같지 않다. 그러나 사람들은 겉으로 드러나는 차이는 인정하면서도 겉으로 드러나지 않는 차이는 인정하지 않으려고 한다. 예를 들면, '저 여자 예쁘다.' '저 남자 멋있다.' 등과 같이 겉으로 드러나는 차이는 잘 구분한다. 그러나 겉으로 드러나지 않는 차이는 잘 인정하지 않고 다투는 경우가 많다. 예를 들면, 처음 만난 연인의 경우 살아온 나름대로의 경험이나 습관이 있기 때문에 서로 잘 맞지 않을 수가 있다. 그런데 이를 서로 인정해 주지 않으면 두 사람의 관계는 멀어지게 된다. 대인관계에서 무엇보다도 중요한 것은 인간은 모두 다 다르다는 것을 인정하는 것이다. 즉, 사람마다 다르다는 것을 알고 인정하고 나서 서로 다른 점을 대화를 통해서 풀어 나가는 것이 원만한 대인관계를 유지하는 좋은 방법이다.

이와 같은 내용으로 주의집중을 이끌어 낼 수 있다. 그러나 주의를 집중해 나가는 방식은 교육내용이 무엇이냐에 따라서 다르게 구성될 수 있다. 그리고 강사의 특성에 따라 주의집중 방식을 다르게 할 수도 있다. 그러나 한 가지 중요한 사실은 학습자들의 흥미를 끌어낼 수 있는 내용과 방식을 연구하여 구성해야 한다는 것이다.

5. 강의 첫 5분 관리

강의의 승패는 강의 시작 첫 5분에 가름할 수 있다. 이 5분을 어떻게 풀어 나가야 할 것인지가 먼저 결정되어 있어야 한다. 즉, 강의를 시작하기 전에 어떻게 무슨 화제로 시작할 것인지를 결정하고 준비해야 한다. 처음 시작을 아주 무겁게 할 것인지 가볍게 할 것인지도 결정해야 한다. 내 이미지를 처음 시작할 때 어떻게 할 것인지도 결정해야 한다.

예를 들면, "안녕하세요, 만나서 반갑습니다."라는 말을 하면서 한 번씩 웃는다. "날씨가 좀 더운데, 옷 좀 벗고 해도 괜찮겠습니까?"라고 묻는다. 그러면 "예."라고 답할 것이다. 또 어떤 학습자들은 "다 벗고 해도 돼요."라고 하는 경우도 있다. 만약 그런 답이 없을 경우엔 강사가 직접 그런 말을 한다. 즉, 다른 곳에 가서 이렇게 물으니까 "다 벗고 해도 돼요."라고 해서 하나 더 벗고 강의를 했다는 식으로 가볍게 시작할 수도 있다. 즉, 아주 가볍게 웃으면서 시작할 것인지, 아니면 표정을 좀 더 근엄하게 시작할 것인지를 결정해야 한다.

시작요령에 대한 예를 들어 보자.

〈사례 1〉

"저한테 배정된 시간이 5시간, 즉 300분인데, 저는 쉬는 시간 없이 300분 동안 속강을 하겠습니다."라고 하면 학습자들은 눈이 동그래진다. 그다음 멘트는 "그런데 무작정 이렇게 하는 것이 아니고 한 10분 정도 해 보고 여러분들의 눈치를 살피겠습니다. 여러분들의 눈치를 봐서 제 강의를 들을 의사가 전혀 없다고 판단되면 저는 얼른 나갑니다."라고 하면 학습자들은 다시 조용해진다. 그런데 "무작정 나가는 것이 아니고 여러분들이 들을 의사가 없다는 표시로 차고 있는 시계를 흔드십시오. 그러면 나가겠습니다."라고 하면 학습자들은 안심하게 된다. "그런데 한두 명이 흔들면 절대 나가지 않겠습니다. 한 3분의 2 정도가 흔들면 바로 나가겠습니다. 만약 한두 명만 흔들면 흔드는 분들만 내보내겠습니다."라고 한다. "여러분들에게 몇 가지 당부 말씀이 있습니다. 어떤 학습자들은 제 강의에 너무 매료되어 감사하다는 표시로 고개를 깊숙이 숙이시는 분들이 있는데, 그럴 필요는 없습니다. 좀 심한 분들은 엎드려 절까지 하시는데, 절대 그럴 필요는 없습니다. 좀 건방지더라도 고개를 빳빳이 들고 들어 주셨으면 합니다. 아마 여기에는 '자니' '조니' 의 학습자는 없을 거라고 생각합니다."

〈사례 2〉

"사람이 아침에 깨어나기 위해서는 세 가지 운동을 해야 합니다. 첫째, 우리 몸은 운동을 해야 깨어납니다. 둘째, 우리 정신은 미소를 지어야 깨어납니다. 셋째, 우리 영혼은 사랑한다는 말을 들어야 깨어납니다. 지금 이야기한 세 가지를 한번 따라해 보겠습니다." 한 후 따라하게 한다. 복창 후 실습도 시킨다. 첫째, 우리 몸은 운동을 해야 깨어난다고 하니까 손을 깍지 끼고 팔을 앞으로 쭉, 옆으로 쭉, 위로 쭉 하면서 운동을 시킨다. 위로 쭉 할 때는 강사가 '그만' 할 때까지 하라고 한 후 위로 쭉 하면 키가 작은 사람은 키가 커진다고 한다. '당대에 안 커지면 후대에라도 커진다.' 고 하면 한바탕 웃음이 나온다. 둘째, 우리 정신은 미소를 지어야 깨어난다고 하니까 옆사람을 보고 미소 짓기를 하게 한다. 미소 지으라고 했는데, 어떤 사람은 썩소를 짓는 사람이 있다. 셋째, 우리 정신은 '사랑합니다' 한 마디를 해야지 깨어난다고 하니 옆사람 보면서 이제는 악수도 하고 미소도 지으면서 '사랑합니다'라고 말하면서 스킨십도 하게 한다. 이렇게 하면 강의장 분위기가 매우 좋아진다.

〈사례 3〉

인사를 한 후 박수를 치면 "박수소리가 아주 작은 것 같습니다. 저는 성질이 고약해서 박수소리가 작으면 강의를 안 합니다."라고 한 후 다시 한 번 인사하면 박수소리가 크게 나온다.

〈사례 4〉

제가 어제 KBS 출연해서 이 내용으로 강의하고 왔는데 잘 몰라 주시네요. 아마 여러분들은 보지 못했을 겁니다. 강원 민방에서 방송했거든요. 믿거나 말거나! 문제는 KBS에서 연락이 오지 않는다는 겁니다.

〈사례 5〉

저는 가르치는 은사가 있습니다. 여러분만 인정하지 않지, 다른 데서는 다 인정하고 있습니다. 특히 미국이나 유럽 선진국에서는 다 인정하고 있어요. 그럼에도 불구하고 인정하지 않는 사람들은 모두 신경정신과가 봐야 합니다. 여러분들은 정신과 가지 않으셔도 됩니다. 왜냐하면 눈동자를 보니까 저를 인정해 주시는 것 같습니다.

〈사례 6〉

'찹쌀 떡 가래 떡, 떡볶이 콩 떡'을 일단 몇 번 따라하게 한다. 리듬을 타면서 하면 더욱 재미있다.

그런 후 이번에는 '떡' 할 때에는 박수를 치게 한다. 예를 들면, '찹쌀 떡 (박수) 가래 떡 (박수) 떡 (박수)볶이 콩 떡 (박수).' 다음엔 떡은 이야기하지 않고 박수만 치게 한다. '찹쌀 (박수) 가래 (박수) (박수) 볶이 콩 (박수).'

〈사례 7〉

두 사람이 손을 잡고 흔들면서 '멍멍이랑 놉시다 멍멍이랑 놉시다' 한 후 서로 마주 보면서 손바닥을 같이 마주친다. 그러면서 '멍 짝, 멍멍 짝 짝, 멍멍멍 짝짝짝, 멍멍멍멍 짝짝짝짝' 하면서 열 번까지 해 보게 한다.

6. 본 강의 시작

본 강의를 시작할 때 제일 먼저 해야 할 일은 교육목적과 목표를 제시하는 것이다. 사실 그 이전 단계로 Gagné의 수업사태와 수업 전략을 보면 주의집중 단계가 있다. 그런데 이 주의집중 단계는 앞에서 언급한 교육시작 5분 관리라고 보면 된다. 또는 주의집중 단계는 나 알리기 작업으로 보아도 될 것이다. 그 다음에 본 강의에서 해야 될 교육내용 전체, 즉 과정개요에 대해서 개괄적으로 설명해 주는 것이 필요하다. 대부분의 강사들이 빠뜨리는 부분이 바로 교육목적과 목표 제시다. 교육목적과 목표를 제시하는 것과 제시하지 않는 것은 큰 차이가 있다. 학습자들이 이번 교육을 통해서 무엇을 배울 것인지를 알고 시작하는 것과 모르고 시작하는 것은 엄청난 차이가 있다. 따라서 학습자들에게 이번 과정의 목적과 목표를 제시하고 어떤 내용을 통해서 배우게 되는지 전체적으로 설명하는 것이 필요하다. 교육목적이나 목표, 과정개요는 말로 하기보다는 파워포인트 같은 자료로 보여 주는 것이 좋다. 한두 시간의 강의라도 그냥 말로 하는 것보다는 화이트보드, OHP 필름, 파워포인트 등을 사용하는 것이 효과적이다.

사내강사 양성과정의 예를 가지고 교육목적 및 교육목표, 그리고 과정개요에 대해서 살펴보면 다음과 같다.

"안녕하십니까? 여러분들 오늘 오시는 데 불편한 점 없었습니까? 혹시 지방에서 오신 분 계십니까? 예, 전국 각지에서 다 오신 걸로 알고 있습니다. 오늘 전국 각지에서 귀중한 시간을 내어서 교육을 받으러 오신 걸로 알고 있습니다. 귀중한 시간을 내신 만큼 얻고 가시는 것도 많이 있어야겠죠? 다른 과정 또는 다른 교육도 물론 좋지만 오늘 받는 교육이야말로 정말로 각 개인에게 도움이 되고 조직성과 향상에 기여할 수 있으며 현업에도 바로 적용 가능한 교육이 될 것으로 믿습니다. 교육에는 지식, 기능, 태도변화가 있는데 지식, 기능뿐만 아니라 태도의 변화까지 가져올 수 있는 그러한 교육이 바로 오늘의 강사양성 과정이 아닌가 생각합니다. 그럼 이번 시간의 교육목적과 목표, 과정개요에 대해 말씀드리겠습니다.

본인은 사내강사 양성과정을 교육이 아니라 훈련으로 봅니다. 왜냐하면 훈련은 당장 눈앞에서 성과를 보여 주는 것이기 때문입니다. 즉, 교육장 내에서 교육 중에 바로 변화된 모습을 볼 수 있는 것이 강사과정이 아닌가 생각합니다. 본 과정을 이수함으로써 학습자들이 조리 있고 체계적으로 대중 앞에서 말을 잘할 수 있을 뿐만 아니라 학습자들의 문제를 해결하고 태도까지 변화시킬 수 있는 것을 목적으로 하고 있으므로 다른 어떤 과정보다 도움이 될 것입니다. 제 경우의 예를 들면, 저는 22박 23일 동안 MTP 강사과정을 이수했습니다. 설악산에서 6명이 강사과정을 함께 이수했는데, 당일 배운 내용을 그 다음날 발표하게 됩니다. 그렇기 때문에 농땡이 부릴 시간이 없었습니다. 설악산 단풍이 곱게 물들어 있긴 했지만 놀 수가 없었습니다. 제 인생에서 대학입시 준비할 때보다 더 열심히 하지 않았나 생각됩니다. 그렇게 고생해서 강사과정을 이수하고 나니까 자신감이 생겼습니다. 누구 앞에 서든지 간에 발표나 강의는 자신이 있습니다. 여러분들도 2박 3일 동안 열심히 하시면 어느 정도 자신감이 생길 것입니다. 또한 강사과정은 전 직원이 다 받아야 하는 과정이라고 봅니다. 특히 보직자들은 반드시 받아야 할 과정입니다. 보직자가 되면 어떤 형태로든지 직원들 앞에 서게 되고, 그러면 말을 많이 하게 되므로 강사과정은 반드시 이수해야 됩니다. 보직자뿐만 아니라 사내 직원이면 누구나 다 한 번씩 반드시 이수해야 하는 과정입니다."

학습자들에게 강한 동기를 유발시킬 수 있도록 교육목적은 분명하면서도 학습자들에게 장점이 되는 부분들을 강조하여 설명해 주는 것이 바람직하다.

교육목표를 간단히 살펴보면 다음과 같다.

- 강의 시작, 강의 중간, 강의 종료 시점에서 할 수 있는 Ice-Breaking 기법에 대해 두 가지 이상 설명할 수 있다.
- 성인학습 원리와 교수학습 이론에 대해 적어도 한 시간 이상 설명할 수 있다.
- 자신이 강의하는 분야의 강의계획안을 체계적으로 작성할 수 있다.
- 올바른 화법구사 방법에 대해서 다섯 가지 이상 설명할 수 있다.

- 적어도 10명 이상 모인 자리에서 자신이 말하고자 하는 요지를 체계적으로 정리하여 발표할 수 있다.
- 강의 중간중간에 사용할 유머를 적어도 열 가지 이상 구사할 수 있다.
- 실제 강의를 위한 모의강의를 10분 정도 하여 실제 강의에 적응할 수 있는 능력을 갖춘다.

과정개요는 전체적으로 설명을 하든지 아니면 일정표를 보면서 설명을 하든지 강사가 적당히 알아서 하면 된다. 즉, 전체적으로 할 경우 첫날의 주요내용과 둘째 날의 주요내용, 그리고 셋째 날의 주요내용을 개괄적으로 설명한다. 그렇지 않을 경우에는 구체적으로 세부 항목까지 설명해 준다. 아래의 과정을 중심으로 핵심적으로 설명해야 할 교육과정 개요는 실습부분이다. 실습에 많은 시간을 할애하기 때문에 실습이 왜 중요한 것인지에 초점을 맞추어 과정개요를 설명해 주는 것이다. 즉, 본 과정은 주로 실습 위주로 실시된다. 그래서 둘째 날과 셋째 날은 주로 실습을 하게 된다. 실습 후 비디오를 촬영하여 본인에게 준다. 본인에게 주는 이유는 물론 학습의 장에서 강의실습하고 피드백을 받지만 남들이 지적해 준 것은 잘 받아들이지 않는 경우가 많이 있기 때문이다. 본인의 모습을 직접 보면 스스로 느끼게 된다. 그리고 처음보다 두 번째 실습했을 때 정말 많이 변화되었구나 하고 스스로 깨닫게 된다.

이와 같이 과정개요 중 핵심적으로 설명할 부분이 있으면 설명해 주는 것이 좋다.

명강사 양성과정 교육일정표의 예

시간 \ 일차	1일차	2일차	3일차
08:00~09:00	이동 → 교육장	교육방법	강의실습 및 피드백
09:00~10:00	이동 → 교육장	프레젠테이션 스킬	강의실습 및 피드백
10:00~11:00	강의시작 방법	프레젠테이션 스킬	강의실습 및 피드백
11:00~12:00	강의시작 방법	프레젠테이션 스킬	강의실습 및 피드백
12:00~13:00	푸짐한 점심		
13:00~14:00	교수학습 이론	SPOT 기법 활용	VTR 피드백
14:00~15:00	교수학습 이론	SPOT 기법 활용	강사의 자질 요건
15:00~16:00	교수설계 및 교안작성법	멀티미디어 활용	이동 → Home
16:00~17:00	교수설계 및 교안작성법	이미지 메이킹	이동 → Home
17:00~18:00	교육방법	이미지 메이킹	이동 → Home

교수학습 이론

1. 교육과정

교육을 하는 사람 또는 강의를 하는 사람은 교육의 과정(process of education)이 어떻게 이루어지는지에 대해 알고 있어야 한다. 교육의 과정에 대해서 Tyler는 교육목표-학습경험의 선정-학습경험을 효과적으로 조직하는 방법-평가로 이루어진다고 보았으며, 이영덕은 교육목표-내용의 선정 및 조직-학습경험 지도-평가, 정범모는 교육목표-학습경험-평가로 이루어진다고 보았다. 이를 종합해 볼 때 교육의 과정은 교육목표-교육과정-교수학습 과정-교육평가로 이루어진다고 볼 수 있다. 이 각각의 단계들 중 중요한 개념들에 대해 간략히 살펴본다.

① 교육목표

교육목표는 무엇을 교육하려고 하느냐와 관련된다. 교육목표의 결정은 국가적, 기관적, 수업적 차원으로 구분해 볼 수 있다. 국가적 차원에는 사회, 정부, 국가가 있으며, 기관적 차원에는 학교, 행정기관, 수업적 차원에는 수업, 교사가 있다. 이러한 교육목표는 결국 가치판단과 선택의 문제와 관련되는 것이다.

② 교육과정

교육과정(curriculum)은 경마장에서 말이 달려가는 길, course of race로 지칭되던 것이 학교교육에 도입되어 학생들이 이수하고 실천해야 할 교수, course of study로 발전하게 되었다. 교육과정의 개념은 교육부에서 정한 교육과정의 내용과 학교에서 학생의 성장 발달을 위해 의도적으로 제공하는 경험의 총체, 그리고 지식의 내용과 구조라 할 수 있다. 이러한 교육과정 내용 선정 시 고려해야 할 점으로는 어떤 인간상을 가장 가치 있는 것으로 보느냐는 기준에 비추어 교육내용을 선정하는 철학적인 고려, 현대사회에서 살아가기 위해 요구되는 내용이 무엇인가라는 관점에 비추어 선정하는 사회적 고려, 교과과정의 내용이 학습자가 학습하기에 적절한가를 교수학습의 관점에서 검토하는 심리적 고려가 있다.

교육과정을 조직할 때의 일반적인 원리로는 계속성(continuity), 계열성(sequence), 통합성(integration)의 원리가 있다. 계속성의 원리는 학습경험의 여러 요소들을 어느 정도 계속적으로 반복 경험할 수 있도록 조직하는 원리다. 계열성의 원리는 선행경험을 기초로 하여 다른 경험의 깊이와 넓이를 더해 가도록 조직하는 원리다. 통합성의 원리는 여러 학습장면에서 얻은 학습경험들을 연결하고 일관성이 있게 통합되도록 조직하는 원리다. Bruner는 이 같은 목적을 달성하기 위한 가장 적절한 조직방법으로 나선형 조직의 원리를 제시하였다.

③ 교수학습 과정

교수학습 과정에서 학습(learning)이란, 경험이나 연습에 의해 개인의 지식, 행동 또는 태도가 비교적 지속적으로 변화되는 것이다(Mayer, 1982). 수업(instruction)이란, 사람을 포함한 모든 형태의 매체(instructional agent)에 의하여 전달되는 학습경험(Gagné, Briggs, & Wager, 1992; Smith & Ragan, 1993)을 말하는 것으로 학습자가 계획된 학습목표를 달성할 수 있도록 체계적이고 계획적으로 정보와 환경을 제공하는 일이다. 교수(teaching)는 살아 있는 사람, 즉 교사(teacher)에 의하여 전달되는 학습경험이다. 교사가 의도한 것은 물론 잠재적이고 우연적인 학습경험까지 포함한다고 볼 수 있다.

④ 교육평가

교육평가의 일차적 목표는 교육목표 달성을 확인하는 것이다. 이러한 평가(evaluation)에는 진단평가, 형성평가, 총괄평가, 절대평가, 상대평가 등이 있다. 측정(measurement)은 물체의 특성이나 속성을 수량화하는 과정이며, 사정(assess-ment)은 일반적으로 사람과 관련하여 이루어지는 모든 평가활동이다. 평가는 어떤 현상이나 대상의 가치나 질을 판단하는 과정이다. 측정을 통해서 얻어진 자료에 대한 해석까지를 포함한다는 측면에서 목적 지향적이며 가치 관련적인 활동이다.

Kirkpatrick은 훈련 프로그램 평가에 대해 4단계를 제시하였다. 1단계 평가는 반응평가다. 반응평가는 교육의 만족도를 알아보는 방법이다. 2단계 평가는 학습평가다. 학습평가는 교육 종료 후 학습의 정도를 시험을 쳐서 그 결과를 알아보는 방법이다. 3단계 평가는 행동평가다. 행동평가는 교육 종료 후 3개월이나 6개월이 지난 후 현업에서 어느 정도 활용하고 있는지 설문지를 통해서 알아보는 방법이다. 마지막 4단계 평가는 결과평가다. 결과평가는 교육을 통해서 배운 내용이 경영성과에 어떻게 기여했는지를 알아보는 방법이다. Phillips는 Kirkpatrick의 4단계에 1단계를 추가하여 투자회수율 평가(Return On Investment: ROI)를 제시하였다. 즉, 교육에 투자한 금액에 대비하여 실제로 조직에 얼마만큼 기여를 했는지 객관적으로 투자대비 회수율을 구해 보는 평가를 5단계 평가라고 하였다. 기업현장에서는 대부분 반응평가 수준에 머물러 있으며, 몇몇 기업에서는 3단계 평가까지는 수행하고 있지만 5단계 평가는 거의 하지 못하고 있는 실정이다.

2. 교수학습 이론

교수이론은 일반적으로 처방적, 규범적이고 학습이론은 서술적, 간접적이다. 학습이론은 인간과 환경의 상호작용에 따른 수행에서 보여지는 지속적인 변화의 과정을 체계적으로 기술하고 설명하고자 한다. 교수이론은 수업을 효과적으로 실시하기 위하여 교수조건, 교수방법, 학습결과 변인에 대한 처방을 하고자 한다. 이러한 교수학습 이론에 대하여 행동주의, 인지주의, 구성주의 이론을 중심으로 살펴본다.

① 행동주의 이론

행동주의 이론을 대표하는 것은 자극반응 연합론(Pavlov, Thondike, Skinner)이다. 강화와 동기유발을 강조하는 행동주의 이론은 교수학습 이론의 발달에 많은 공헌을 하였다. 그중 강의와 관련하여 행동주의 이론은 학습목표를 학습자 중심의 행동적 목표로 진술하고, 이를 위해 환경을 조절하고 통제하며, 특히 교수매체로 강화물 또는 동기유발 요소 활용으로 그 효과를 높일 수 있음을 강조하고 있다. 그러나 행동주의 이론은 관찰 가능한 행동과 학습결과에 대한 강조로 인하여 학습자와 학습과정을 간과하였다는 비판도 있다. 이러한 행동주의 이론은 주로 동물들을 훈련시키는 데 많이 원용되고 있다.

과천 서울랜드에서 물개쇼 하는 광경을 잘 살펴보면 재미있는 사실을 알 수 있다. 조련사가 물개 앞에 서서 지시를 할 때 기본적으로 가지고 나오는 것이 있다. 허리춤에 꽁치를 차고 나온다. 물개 앞에서 손으로 쇼를 하게 한 후 다시 물개가 제자리로 돌아오면 조련사는 물개의 코와 입을 살살 만져 주면서 허리춤에 있는 꽁치를 하나 꺼내어 준다. 이것은 간단한 일 같지만 사실은 행동주의 이론에 바탕을 둔 훈련방식이다. 즉, 허리춤에 차고 있는 꽁치는 바로 강화물이 되는 것이다. 이 강화물을 어떻게 잘 계획하느냐에 따라 물개가 쇼를 잘할 수 있게 하는 동인이 되는 것이다.

또 다른 예를 하나 더 들면 원숭이가 경례를 하도록 하는 방법이 있다. 우선 원숭이 앞에 조련사가 서서 '경례'라는 구령과 함께 막대기로 원숭이의 머리를 힘껏 내리친다. 그러면 원숭이는 머리가 아프니까 손을 올리게 된다. 이렇게 몇 번 하고 나면 나중에는 조련사가 원숭이 앞에 서서 막대기로 머리를 내리치지 않고 말로 '경례'라고만 해도 손이 올라가게 된다.

이것도 바로 S-R 이론의 대표적인 예라고 볼 수 있다. 즉, 막대기로 원숭이의 머리를 내리치는 것은 무조건 자극(unconditional stimulus)이고 머리가 아파서 손이 올라가는 것은 무조건 반응(unconditional response)이다. 이 무조건 자극에서 무조건 반응이 조건 자극(conditional stimulus)과 조건 반응(conditional response)으로 바뀌게 된다. 즉, 막대기로 내리치지 않고 그냥 원숭이 앞에서 '경례'라고 하더라도 손이 올라가는 것이 바로 조건 자극과 조건 반응이다. 여기서 막대기는 부적 강화에 해당된다. 앞의 물개쇼의 예에서 꽁치가

정적 강화라면 막대기로 내리치는 것은 부적 강화다. 강화의 경우 개인의 특성에 맞는 강화물을 찾아내는 것이 중요하며 또한 강화를 언제 어떻게 주느냐도 상당히 중요하다. 그리고 정적 강화와 부적 강화를 적절하게 잘 활용하는 것도 중요하다. 행동주의 이론에서는 강화(reinforcement)가 매우 중요한 개념이라고 볼 수 있다.

② 인지주의 이론

인지발달 이론과 정보처리 이론을 주장하는 학자들(Piaget, Ausubel, Bruner, Papert 등)은 학습이란, "이해를 통한 학습자의 인지구조의 변화"라고 본다. 행동주의 이론에서 주장하는 행동적 목표란 행동의 결과이지 행동 자체는 아니기 때문에 학습자가 보여 줄 사고의 과정이 교육목표가 되어야 한다는 것이다. 즉, 인지주의에서 주장하는 학습이론은 학습이란 학습자의 기억 속에 학습사태에서 일어나는 여러 가지 사상에 관한 정보를 보존하고 조직하는 인지구조를 형성함으로써 일어난다는 것이다. 이러한 인지주의 학습이론의 기본적인 가정은 인간의 감각을 통해서 받아들이는 외부 자극요소들이 내포하고 있는 의미를 끄집어내는 인지 혹은 사고과정을 통하여 사고내용이 형성되고, 이들 사고내용이 행동을 하게 하는 원인이 된다는 것이다. 인지주의 학습이론의 핵심개념은 개념 형성, 사고과정, 지식의 획득 등이며, 인간의 지각, 인식, 의미, 이해 등이 학습을 결정하는 중심개념이라고 간주한다. 인지주의 이론에서는 매체가 인지과정을 촉진시키기 위한 학습과정의 한 체제요소로 개념화되고 있다.

Bruner는 어떠한 교육내용도 발달단계에 맞게 구성하면 교육이 가능하다며, 어린이에게도 미적분을 가르칠 수 있다고 주장하였다. 그는 발견학습에서 주장하는 지식의 표상양식, 즉 행동적·영상적·상징적 표현에 따른 교과내용을 조직하고 강화하는 나선형 교육과정을 제시했다. 지식의 표상양식에서 행동적이란, 예를 들면 어린이가 유치원에서 자기 집까지 가는 길을 친구에게 말로 설명할 수는 없지만 직접 친구를 데리고 갈 수는 있다는 것이다. 이것이 정보처리 체계 중 가장 기초적인 형태다. 영상적이란, 초등학교 입학 전후 정보를 재현하는 과정으로 학교에서 자기 집까지 가는 길을 친구에게 그림으로 그려서 가르쳐 줄 수 있다는 것이다. 상징적이란, 초등학교 상급반 10~14세 전후 어린이가 갖는 정보체계로 학교에서 집까지 가는 길을 말로 설명할 수 있을 뿐만 아니라 기호로 된 수학 문제들을 조합하여 풀 수 있다는 것이다. 인지주의 이론에서 적절한 교수이론은 지식의 특성, 학습자의 특성, 지식획득 과정의 특성을 고려한 교수설계의 필요성을 강조하고 있다.

또한 Asubel의 포섭이론에서는 학습자의 기존 인지구조는 유의미한 새로운 자료가 학습과 파지에 영향을 미치기 때문에 유의미한 학습을 촉진시킬 수 있는 선행조직자의 중요성을 강조하고 있다.

결론적으로 인지주의에서 중요한 것은 인지전략(cognitive strategic)이다. 인지전략은 지적 기능, 특히 문제해결능력의 한 특수한 영역으로 개인이 사고하고 학습하고 기억하는 행동을 지배하는 내적인 행동방식이다. 따라서 인지전략은 사고전략, 학습전략, 기억전략이라고 볼 수 있다. 사고전략, 학습전략, 기억전략이 개인마다 다르듯이 학습자가 문제해결 방법을 모색하는 과정인 인지전략도 독특하게 나타난다. 이러한 인지전략의 학습은 학교학습에서 창의적인 문제해결능력의 개발과 관련하여 매우 중요한 의미를 갖는데, 오랜 기간 경험이나 지식학습 사고과정을 거치면서 형성되고 개선되며 수정된다.

③ 구성주의 이론

객관주의의 주요한 가정은 세계는 객관적으로 존재하고 구조화되어 있다는 것이다. 즉, 내가 죽더라도 또는 내 눈앞에 보이지 않더라도 북한산은 북한산대로 존재한다는 것이다. 주관주의는 내가 없으면 북한산도 없다는 것이다. 구성주의는 주관주의에 바탕을 두고 학습이라는 객관적 실재의 구조를 파악하는 것이다. 구성주의의 주요한 가정은 세계는 주관적이며 실재는 학습자의 마음속에 존재한다고 주장하면서 학습자의 경험에 바탕을 두고 실재를 구성한다. 따라서 각 개인의 경험이 다르듯이 구성된 실재의 모습이나 의미도 다르다고 본다. 교수목적은 학습자가 사실이나 개념, 원리 등 어떤 지식의 요소를 알도록 하는 것이 아니라 오히려 학습자에게 세상에 대한 그들 스스로의 이해를 어떻게 하는가를 보여 주는 데 있다. 구성주의에서 교수설계는 교수를 구조화시키는 것이 아니라 학습이 일어날 수 있는 환경을 설계하는 것이다.

이러한 구성주의는 인지주의 이론에 기초하여 학습자의 지식을 내부로부터 표상하는 과정을 강조하고 있다. 즉, 학습자가 지식을 내부로부터 우선적으로 표상하고 자신의 경험적 해석을 통하여 지식에 대한 이해를 구성해 가는 과정에 초점을 둔다. 따라서 지식은 경험으로부터 구성되고, 학습자의 경험을 통하여 재구성되며, 실제 생활과 관련된 맥락(context)이 중요하다. 그리고 개인이 세상을 통해서 얻는 지식은 개인이 알고 있는 이전의 지식에 의존하고 외부에서 가산적 과정을 통해 하나하나 추가해 가는 것이 아니라 내부에 있는 구조적 과정을 통해 새롭게 창조해 나간다는 것이다. 이러한 구성주의는 개인 내 인지적 과정에 초점을 둔 인지적 구성주의와 사회환경과의 교류에 초점을 둔 사회적 구성주의로 구분할 수 있다.

인지적 구성주의의 대표적인 학자는 Piaget이다. 피아제의 인지발달 이론에서 동화(assimilation)는 새로운 정보나 새로운 경험을 접했을 때 이미 자신에게 구성되어 있는 인지구조에 의하여 해석하고, 조절(accommodation)은 주어진 상황에 맞게 기존의 인지구조를 변화시키는 것이다. 예를 들어, '볼펜'을 볼펜으로 이해하는 것은 동화라고 볼 수 있다. 그러나 볼펜이 볼펜이 아니라 폭탄이 될 수도 있다. 즉, 볼펜폭탄을 보았을 경우 자신이 가지고 있는 인지구조상 볼펜에서 폭탄으로 변화시켜 인식하게 되는 것을 조절이라고 보면 된다. 이러한 학습자의 인지발달 단계에는 감각운동기, 전조작기, 구체적 조작기, 형식적 조작기가 있다. 적절한 교수처방은 발달단계에 맞게 구성해야 한다.

사회적 구성주의의 대표적인 학자는 Vygotsky이다. 그의 사회문

〈표 2-1〉 행동주의, 인지주의, 구성주의 비교

비교항목	행동주의(행동과학)	인지주의(전통적 인지과학)	구성주의(구성적 인지과학)
대표학자	Pavlov, Thondike, Skinner	Bruner, Ausubel	Piaget, Vygotsky
철학적 배경	객관주의	객관주의	주관주의(구성주의)
패러다임	teaching, instruction	teaching, learning	learning
학습의 정의	• 외현적 행동의 변화 • 바람직한 행동의 변화 유도 • 정보제시자	• 인지구조의 변화 • 새로운 정보의 기존 인지구조에의 연결활동 촉진	• 주관적 경험에 근거한 개인적 의미 창출 • 학습환경 조성자
학습의 발생	자극과 반응의 연결 및 강화	정보의 입력, 조직, 저장, 인출활동 강조	• 개인의 경험에 근거한 세계에 대한 의미 창조 • 환경 또는 동료들과의 사회적 상호작용
학습의 영향 요인	학습효과를 극대화하기 위해 외현적 자극 및 반응의 체계적 배열과 자극-반응의 결합	정보처리 활동을 촉진시킬 수 있는 학습자의 정신적 활동 강조	상황적 맥락, 학습주체인 인간의 학습활동, 학습내용인 지식의 역동적 상호작용
교수학습 전략	외현적 교수전략	학습자의 내적 사고전략, 교사의 부호화 전략, 정보처리 전략	학습환경의 조성 및 상황적 맥락과 진실성 있는 과제 제공
효과적인 학습형태	변별, 사실의 기억, 개념의 획득, 일반화 적용	문제해결, 정보처리, 추론	복잡하고 비구조화된 학습과제 및 문제 영역
교수설계와의 관련	• 관찰 가능한 행동목표 및 준거지향 평가 • 학습자의 선수지식 및 출발점행동 진단을 위한 학습자 분석 • 수업내용의 계열성 확보 • 강화를 통한 보상체제 및 즉각적 피드백	• 학습자의 적극적 참여, 학습자 통제, 메타인지 전략 • 인지과제 분석 기법 • 정보처리 과정 촉진을 위한 정보의 구조화, 계열화 • 학습결과의 효과적 전이를 위한 학습환경의 창출	• 일반적 학습지원 제시 • 학습상황 및 적용상황이 분석 • 일반적 학습내용의 영역 제시 및 학습과제의 맥락화 • 다양한 관점의 제시 및 사회적 협상 • 탈목표 평가지향 평가기관 및 학습자의 학습과정 평가

화적 발달이론에서는 학습자와 타인과의 상호작용을 통한 사회적 성장을 강조한다. 인간에 대한 이해에 있어서 사회, 문화, 역사적 측면에서 성숙한 구성원들과 상호작용하면서 적합한 인지과정을 획득해 나간다는 것이다. 비고츠키는 근접발달영역(Zone of Proximal Development: ZPD)과 비계 설정(scaffolding)을 강조하였다. 근접발달영역은 독자적으로 실행할 수 있는 수행수준인 실제발달수준과 성인의 도움을 통해 실행 가능한 수행수준인 잠재발달수준과의 차이를 말한다. 즉, 이 두 가지 수행수준 간의 차이를 근접발달영역이라고 본다. 학습은 근접발달영역에서 가장 잘 이루어진다. 비계 설정의 경우 교사의 역할은 어린이들에게 근접발달영역에 있는 경험을 제공하는 것이다. 그러므로 어린이들에게 근접영역 안에 있거나 또는 약간 높은 수준의 과제를 제공하고 도움을 주는 것이 바로 비계 설정이다. 비계 설정은 학습초기 단계에서는 많은 지지와 조언을 하지만, 단계적으로 지지를 감소시켜 점차 스스로 학습하게 하는 것이다.

사회적 구성주의에서는 교수를 설계할 때 사회문화적 맥락에서 인지발달에 대한 이해와 교수설계의 중요성을 강조하고 있다.

3. 관련 용어

교육과 관련된 용어는 많이 있다. 여기서는 학습, 훈련, 개발, 교육이라는 개념들의 차이점과 다양한 교수방법들과 관련된 용어의 차이를 살펴본다.

먼저 학습이란, 한마디로 배우고 익히는 것이다. 배우고 익히는데 어떤 경험이나 연습에 의해서 비교적 영속적인 변화가 일어났을 때 학습되었다고 할 수 있다. 여기서 중요한 것은 '경험이나 연습에 의한' 이란 말은 약물과 같은 것에 의한 변화나 자연적인 성숙, 발달은 학습이 아니라는 점이다. 또한 영속적인 변화라고 했을 때, 이 말은 일시적인 변화의 경우 학습으로 볼 수 없다는 것이다. 학교현장에서 학습이란 말을 사용할 경우에는 이와 같은 정의를 주로 사용한다. 그러나 산업현장에서 학습이란 말은 좀 더 폭넓게 사용하고 있

〈표 2-2〉 훈련, 교육, 개발의 비교

구분	훈련(training)	교육(education)	개발(development)
정의	• 단순한 행동을 습관적 수준 또는 규칙적으로 자동화된 수준에 이르도록 되풀이하는 실천적 활동 • 지능이나 신념의 작용이 적은 행동형성 방식의 하나 • 인간 활동에도 훈련적 요소가 많이 있으나, 동물 훈련이란 말에서 시사되듯이 이를 지나치게 강조하면 고차적 인간 학습의 측면이 외면될 가능성이 많음	• 인간 행동의 계획적 변화과정 • 인간의 정신적, 신체적 성장과 발달을 어떤 가치기준에 의하여 통제하거나 조력하는 일련의 인위적 과정	지식이나 능력 등이 더 나아지도록 이끄는 것
시간적 측면	현재의 직무와 관련된 학습	확정된 미래의 다른 직무에 대한 준비	현재나 미래의 특정 업무와는 무관하지만 조직 및 개인적 성장을 위한 학습
효과적 측면	당장의 효과에 초점	좀 더 나중의 효과에 초점	효과가 가장 늦게 나타나지만 부가가치가 높은 것에 초점

다. 학습이란 정보와 지식(knowledge) 그 자체이며, 변화(change)를 일으키는 것이고, 심지어는 일 자체(work)를 학습으로 보는 경우도 있으며, 성과(performance)를 일으키는 것이고, 문제를 해결(problem solving)하는 것이다. 즉, 학습을 통해서 달성하고자 하는 목적 자체를 학습으로 보는 경향이 있다.

학습이라는 용어 외에 훈련(training), 개발(development), 교육(education)이라는 용어가 있다. 이들에 대한 정의와 상호관계는 〈표 2-2〉와 같다.

다음으로 학습성장에 대한 책임과 학습성과에 대한 책임을 기준으로 교수의 종류에 대한 개념들을 살펴보면 〈표 2-3〉과 같다.

〈표 2-3〉에서 보면 학습성과에 대한 책임과 학습성장에 대한 책임이 가장 낮은 교수기법은 관찰자(observer)다. 반면에 학습성과에

〈표 2-3〉 교수의 종류

	counselor	coach	partner
	당신이 하십시오. 잘못하면 가르쳐 드리겠습니다.	잘했습니다. 다음에는 이 방법으로 잘해 봅시다.	같이 합시다. 그리고 서로서로 배워 나갑시다.
	facilitator	teacher	modeler
	당신이 하십시오. 진행과정에 저는 참여하겠습니다.	이렇게 하십시오. 이렇게 문제를 해결해야 합니다.	내가 해 보겠습니다. 잘 보고 따라해 보시기 바랍니다.
	observer	adviser	expert
	당신이 하십시오. 내가 관찰한 것을 말해 주겠습니다.	계속하십시오. 당신이 궁금해하는 것에 답을 하겠습니다.	내가 하겠습니다. 무엇을 원하는지 말씀하시오.

고 ← 학습성장에 대한 책임 → 저

저 ← 학습성과에 대한 책임 → 고

대한 책임과 학습성장에 대한 책임이 가장 높은 교수기법은 파트너(partner)로서의 역할이다. 교사(teacher)의 경우 두 영역, 즉 학습성장과 학습성과에 대한 책임이 중간 정도다.

이와 같이 어느 부분에 강조를 두느냐에 따라 교수기법을 다양하게 적용할 수 있다.

4. 교육 패러다임의 변화

교육 패러다임의 변화를 이해하기 위해서는 우선 21세기 환경 변화에 대해서 이해해야 한다. 21세기 환경 변화의 특징은 어떻게 설명할 수 있을까? 필자 나름대로 설명한다면 다음과 같다.

21세기 환경 변화는 첫째, 가속적(exponential)이다. 즉, 선형적(liner)인 것이 아니라 기하급수적으로 변화한다는 것이다. 선형적인 변화란 변화가 거의 일률적으로 일어나는 것이지만 가속적인 변화는 아주 급격하게 일어나는 것이 특징이다. 이런 가속적인 변화는 기하급수적인 변화라고 할 수 있다. 예를 들면, 하루에 1원으로 시작하여 매일 두 배씩 돈을 지급한다고 하면 첫째 날에는 1원, 둘째 날에는 2원, 셋째 날에는 4원, 넷째 날에는 8원, 다섯째 날에는 16원 등으로 하여 한 달(30일)이 되면 5억 4,000만 원이 된다. 이와 같이 21세기의 변화는 기하급수적이다. 그리고 그 기하급수적 변화의 시점, 즉 변곡점(turn point)이 되는 것이 바로 현재 우리가 살고 있는 시대라고 볼 수 있다.

둘째, 확산적(spread)이다. 한 부분에 변화가 있으면 다른 부분에 영향을 미치게 된다. 과거에는 변화가 있어도 파급효과가 미미했지만 오늘날에는 파급효과가 매우 크다. 예를 들어, 미국의 주가가 한국의 주가에 영향을 미친다든지, 서울 시내 한 지점에서 교통사고가 일어났을 경우 전 시내의 교통에 영향을 미친다든지 등 우리의 일상생활에 전혀 영향을 미치지 않을 것 같은 변화도 사실상 큰 영향을 미치고 있다는 것이다.

셋째, 단절성(severance)이다. 과거의 변화가 예측 가능한 변화였다면 앞으로의 변화는 거의 예측이 불가능하다. 어떤 학자는 '해도(海圖) 없는 항해의 시대'라고 하면서 오늘날 변화의 방향에 대한 예측불가능성을 설명하기도 한다.

21세기 환경 변화를 엘빈 토플러의 물결이론을 바탕으로 제시해 보면 [그림 2-1]과 같다.

[그림 2-1]을 좀 더 구체적으로 설명하면 〈표 2-4〉와 같다.

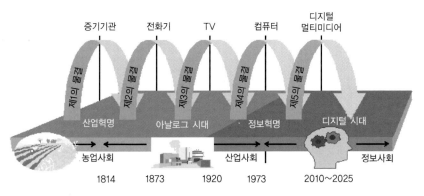

[그림 2-1] 시대별 물질문명의 발달

〈표 2-4〉 물결이론에 따른 사회 변화의 특징

구분	농경사회	공업, 산업사회	정보사회	지식, 창조사회
엘빈 토플러의 물결	제1의 물결	제2의 물결	제3의 물결	제4의 물결
산업에서 가치	노동집약사회	기술집약사회, 자본집약사회	정보, 지식집약사회	사회적 공동체화(사회화제, 자원회제)
자원	유형자본 (땅)	유형자원(3M) (Man, Material, Machine)	유형+무형자원 (정보, 지식, 문화)	무형자원 (術, 생태계, 매지)
인재상	부지런함, 근면, 성실	Blue Collar(열심히, 규격품, 모범생)	White Collar(세계인, 정보인)	Gold Collar(학습인, 창조인, 봉사인)
문화, 패러다임	마술, 조자연, 신화	이념, 과학, 이성	기술, 프로그램	아이디어, 창의력, 자연
생산	소품종소량 생산	소품종대량 생산	다품종소량, 단품 생산	다품종단품 생산
물적자원	칼, 도구	증기기관, 에너지, 트랜지스트	컴퓨터, 고밀도 집적회로	공동체, 대화
중요한 가치	Reading	3R (Reading, wRiting, aRithmatic)	3R+4I+3C (Information, Intellctual, Innovation, Integrity 모든 Immagination, Change, Competition, Customer)	3R+4C+4R+4S (Computer, Communication Creation, Collaboration, Repair, Recondition, Reuse, Recycle, Small, Soft, Speed, Simple)
학습관	•삶=학습 삶=교육 •교육=삶	•행동주의 •교육=학교교육 •학습과 일 분리	•인자주의, 구성주의 •교육=학교교육 •학습과 일 분리 •행함으로써 학습 •학습하는 방법의 학습	•구성주의, 인본주의 •교육=평생교육 •학습=일 •네트워크에 의한 학습 •학습하는 방법의 학습

21세기 환경 변화와 함께 교육적인 측면의 패러다임을 이해할 필요가 있다. 많은 학자들이 다양하게 환경 변화에 대해 예측하고 있지만 필자는 21세기 환경 변화의 키워드를 중심으로 기업교육의 패러다임 변화를 살펴보고자 한다. 환경 변화와 함께 기업교육의 패러다임 변화를 살펴보면 [그림 2-2]와 같다.

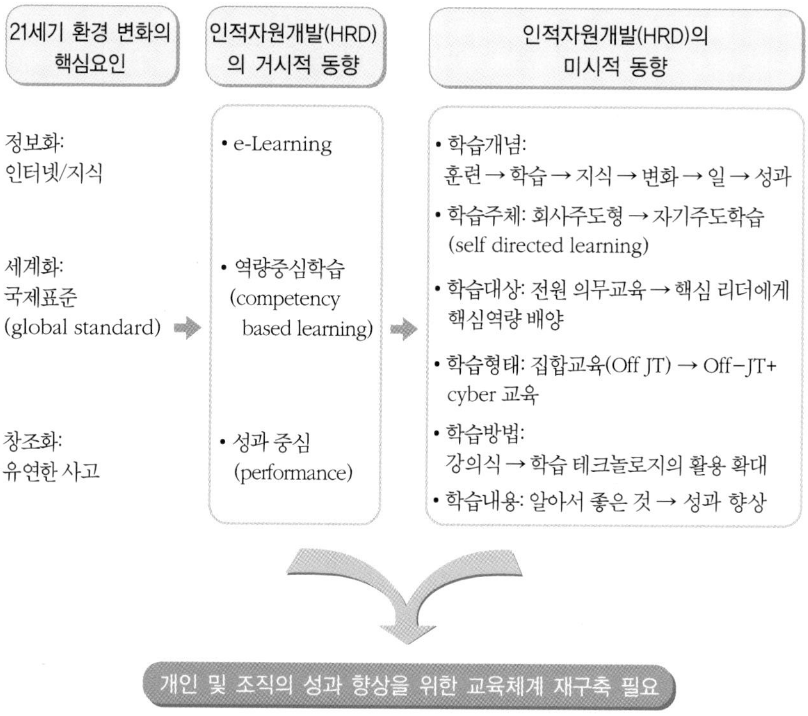

21세기 환경 변화의 핵심요인	인적자원개발(HRD)의 거시적 동향	인적자원개발(HRD)의 미시적 동향
정보화: 인터넷/지식	• e-Learning	• 학습개념: 훈련 → 학습 → 지식 → 변화 → 일 → 성과 • 학습주체: 회사주도형 → 자기주도학습 (self directed learning)
세계화: 국제표준 (global standard)	• 역량중심학습 (competency based learning)	• 학습대상: 전원 의무교육 → 핵심 리더에게 핵심역량 배양 • 학습형태: 집합교육(Off JT) → Off-JT+ cyber 교육
창조화: 유연한 사고	• 성과 중심 (performance)	• 학습방법: 강의식 → 학습 테크놀로지의 활용 확대 • 학습내용: 알아서 좋은 것 → 성과 향상

개인 및 조직의 성과 향상을 위한 교육체계 재구축 필요

[그림 2-2] 환경 변화와 기업교육 패러다임의 변화

21세기 환경 변화의 키워드는 정보화, 세계화, 창조화다. 정보화는 인터넷과 지식기반사회를 바탕으로 가속화되고 있으며, 우리나라는 정보화사회가 아니라 이미 정보사회라고 볼 수 있다. 또한 세

계화로 인한 정보통신의 발달로 전 세계는 지구촌화되어 있으며, 실시간으로 이미 먼 나라에서 일어나고 있는 아주 사소한 일들을 샅샅이 알 수 있는 시대가 되었다. 그리고 지식의 양이 폭발적으로 증가하고 지식내용의 공유가 가능함으로써 일상적인 지식보다 창조적이고 독창적인 지식이 진가를 발휘하는 시대에 살고 있다. 이러한 21세기의 환경 변화 속에서 인적자원개발 분야에서의 중요한 패러다임을 든다면 e-Learning, 역량중심학습(competency based learning), 성과(performance) 중심이라 할 수 있다. e-Learning의 e는 무엇인가? 첫째, electronic, 즉 전기 전자를 바탕으로 하는 것, 둘째, 二, 즉 두 개의 세상으로 하나는 off line 세상 또 다른 하나는 on line 세상, 셋째, 異, 즉 다른 세상으로 우리가 살아왔던 세상과는 별개의 세상, 넷째, e, 즉 이런 세상 저런 세상, 다섯째, 이 편한 세상 등 다양하게 생각해 볼 수 있다. 그러나 e-Learning은 아직 합의된 정의가 없이 상황에 따라 다양하게 정의되고 있다. ASTD (2000)는 e-Learning을 "학습하기 위한 목적으로 전자적인 테크놀로지에 의해 전달 가능 또는 중재되는 어떤 것"으로 개념화하였으며, Rogenberg(2000)는 "지식과 성과를 향상시키는 다종 다양한 해결책을 전달할 목적으로 인터넷 기술을 이용하는 것"으로 정의하고 있다. 필자는 전자적인 테크놀로지 중 특히 인터넷을 통해 적당한 사람이 적당한 장소에서 적당한 시간에 적당한 내용을 적당한 만큼 학습하는 것이 e-Learning의 본질이라고 본다.

인적자원개발 분야의 중요한 패러다임 중 e-Learning 다음으로 역량에 바탕을 둔 학습과 기업에서 성과를 강조하는 경향이 큰 흐름이라고 볼 수 있다. 특히 우리나라는 1997년 IMF 관리체제에 들어서면서 기업교육에서 성과에 대한 부분이 강조되기 시작하였다. 성과와 직결되지 않는 교육은 하지 말고 경영성과에 기여하는 꼭 필요한 교육만 실시해야 한다는 목소리가 커지게 되었다. 이러한 맥락에서 대부분의 교육부서에서는 경영성과에 큰 관심을 가지게 되었으며 학습 또한 경영성과에 기여하는 것만 하되, 그렇지 않은 교육은 해서는 안 된다는 인식이 확산되었다. 따라서 기존의 교육체계를 한꺼번에 뒤흔드는 대 수술이 시작되었으며 교육부서도 과거의 패러다임에서 탈피하고자 많은 노력을 기울인 게 사실이다. 이렇게 인적자원개발 부서에서의 많은 노력과 관심을 바탕으로 인적자원개발 분야도 미시적인 부분에서 성과를 기준으로 다양한 변화를 시도하고자 노력하였다. 그러한 부분들이 바로 학습에 대한 개념이나 학습주체, 학습형태, 학습대상, 학습방법, 학습내용 부분에서 구체적으로 나타나게 되었다. 이와 같은 내용으로 교육의 패러다임을 제시하면 [그림 2-3]과 같다.

그림에서 알 수 있듯이 교육의 패러다임은 훈련(training)에서 학습(learning)으로 바뀌어 간다. 재미있는 이야기로 '과거에는 추리닝 입고 훈련하다가 이제는 런닝 입고 교육한다.'고 이야기하기도 한다. 훈련이라는 패러다임의 경우 타율적이고 수동적인 데 비해 학습이란 자율적·자발적이라는 것이다. 과거에 피교육생 하면 춥고 배고프고 졸립고 하던 말들이 있었다. 그러나 오늘날 교육에서 춥고 배고프고 졸리면 이미 끝난 것이다. 그렇게 해서는 안 되고 edutainment가 되어야 한다는 것이다. edutainment란, education

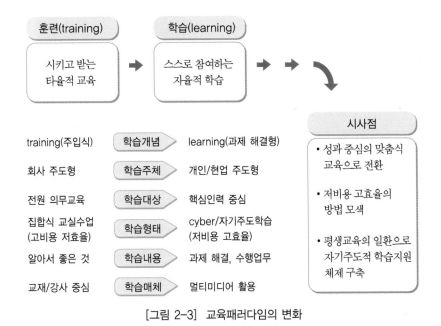

training(주입식)	학습개념	learning(과제 해결형)
회사 주도형	학습주체	개인/현업 주도형
전원 의무교육	학습대상	핵심인력 중심
집합식 교실수업 (고비용 저효율)	학습형태	cyber/자기주도학습 (저비용 고효율)
알아서 좋은 것	학습내용	과제 해결, 수행업무
교재/강사 중심	학습매체	멀티미디어 활용

[그림 2-3] 교육패러다임의 변화

(교육)과 entertainment(오락)의 합성어로 교육적 오락을 뜻한다. 이제는 교육이 춥고 배고프고 졸린 것이 아니라 아주 신나고 즐겁고 재미있는 것이 되어야 한다. 교육의 패러다임이 훈련에서 학습으로 바뀌어야 한다는 것이다.

또한 기업에서 과거에는 전원 의무교육, 즉 모든 직원들을 다 교육시키려고 하였지만 이제는 핵심인력을 중심으로 교육하고자 한다. 그리고 인재를 선발할 때에도 과거에는 그물형, 즉 그물을 쳐서 걸려드는 인재는 모두 선발하거나, 낚시형으로 낚시를 드리우면 물리는 고기를 선발했지만, 지금은 작살형으로 정말 필요한 인재를 작살로 찍어서 선발하는 쪽으로 바뀌었다. 즉, 핵심인재를 어떻게 선발하고 육성하고 관리할 것인지에 대한 관심이 증가하고 있다는 것

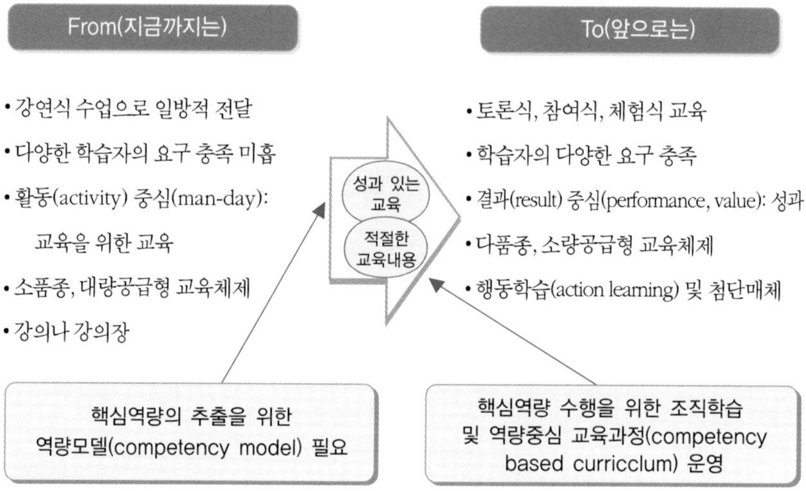

From(지금까지는)	To(앞으로는)

- 강연식 수업으로 일방적 전달
- 다양한 학습자의 요구 충족 미흡
- 활동(activity) 중심(man-day): 교육을 위한 교육
- 소품종, 대량공급형 교육체제
- 강의나 강의장

성과 있는 교육
적절한 교육내용

- 토론식, 참여식, 체험식 교육
- 학습자의 다양한 요구 충족
- 결과(result) 중심(performance, value): 성과
- 다품종, 소량공급형 교육체제
- 행동학습(action learning) 및 첨단매체

핵심역량의 추출을 위한 역량모델(competency model) 필요

핵심역량 수행을 위한 조직학습 및 역량중심 교육과정(competency based curricclum) 운영

[그림 2-4] 교육의 변화 방향

이다. 한 보고서에 의하면 21세기에는 어느 기업이 핵심인재를 얼마나 확보하느냐가 기업의 흥망을 결정한다고 한다. 그러므로 교육을 할 때는 이러한 것들을 고려해야 한다.

이러한 측면에서 지금까지의 교육이 앞으로 어떻게 변화해야 하는가에 대해서 살펴보면 [그림 2-4]와 같다.

5. 성인학습의 원리

성인학습과 관련하여 성인학습의 특성, 학교교육과 성인교육의 차이에 대해 살펴본다. 먼저 성인학습의 특성은 다음과 같다.

성인학습자는 첫째, 다양하고 풍부한 경험을 가지고 있다. 즉, 지금 필자가 강의하고 있지만 필자보다 더 다양하고 풍부한 강의경험을 가지고 있는 사람들도 있을 것이다. 경험 하면 눈이 동그래지는 사람들이 많은데, 첫 경험이 중요하지 한 번 경험하면 그다음부터는 경험한 것에 대해서는 별로 신기해하지도 않을 수 있다. 성인들의 경우 경험이 다양할 뿐만 아니라 풍부하다. 경험이 많다 보니까 노련해진다. 강의도 똑같다. 첫 경험이 중요하며 경험이 다양해지고 풍부해질수록 노련해진다.

둘째, 성인학습자는 자신의 책임하에 자신을 통제한다. 외부의 간섭이나 통제를 싫어하고 무엇이든지 자기 자신이 주인공이 되고 싶어 한다. 즉, 남이 시키거나 지시하는 것을 싫어할 뿐만 아니라 자기 일을 스스로 책임지고 수행해 나간다. 따라서 다른 사람이 무엇을 시키면 능률이 잘 오르지 않는 경우가 많다. 그러므로 비록 강의로 진행되는 수업일지라도 중간중간에 성인들이 참여하는 시간을 많이 할애하는 것이 중요하다. 즉, 질문을 많이 하여 발표하게 하거나, 토론을 하거나, 워크숍을 하는 등 성인들이 스스로 주인공이 될 수 있도록 진행하는 것이 중요하다.

셋째, 성인학습자는 스스로 왜 학습해야 하는지를 알고 있다. 아이들의 경우 하기 싫어도 엄마나 아빠의 강요 때문에 억지로 학습하는 경우가 대부분이다. 그러나 성인은 자신이 하기 싫으면 언제든지 학습하지 않아도 된다. 그러나 이들은 왜 학습해야 하는지를 분명히 알고 있다.

넷째, 성인학습자는 내부적 자극에 의해 학습동기를 부여받는다.

즉, 내가 원하는 것이나 내가 하고자 하는 것이면 누가 시키거나 강요하지 않아도 자발적으로 하지만 그렇지 않을 경우 아무리 강요해도 하지 않는다. 이는 어린이도 마찬가지지만 성인들의 경우에는 더 심하다. 예를 들면, 골프를 좋아하는 사람은 아주 더운 날씨에 뙤약볕에서도 더운 줄 모르고 한다. 그 더운 날 18홀 거리를 그냥 한 바퀴 심부름을 시키면 아무도 하지 않을 것이다. 성인은 내부적인 자극이 발동하면 더욱더 강하게 어떤 일을 해 나가게 된다.

다섯째, 성인학습자는 변화가 쉽지 않다. 성인학습자들은 거부감이 심하다. 왜냐하면 성인학습자들의 경우 독립적 · 자율적인 자아개념을 가지고 있기 때문이다. 강사가 아무리 좋은 이야기를 하더라도 본인의 가치관에 비추어 맞지 않으면 받아들이지 않는다. 그러므로 성인학습자들을 변화시키는 것은 매우 어려운 일이다. 잘못했을 경우 오히려 거부감이 심하여 반발을 불러일으킬 수 있다. 어떤 조사에 의하면 성인학습자 100명 중 새로운 것에 참여하는 비율이 3.5%, 남보다 내가 먼저 한다는 비율이 12.5%, 누가 하면 따라한다가 34%, 모두 하면 나도 한다가 34%, 죽어도 안 한다가 16% 정도 되었다. 100명 중 16명 정도는 아무리 좋은 내용을 아무리 좋은 방법을 써서 가르치더라도 변화하지 않는다는 것이다. 역으로 말하면, 대부분의 성인학습자들(84% 정도)은 변화가 가능하다고도 볼 수 있지만 웬만한 충격이나 내용으로는 변화시키기가 힘들다는 것을 알 수 있다.

이러한 성인들을 교육하는 것, 즉 성인교육을 Andragogy라고 하고 어린이와 젊은이들을 대상으로 하는 교육을 Pedagogy라고 한다. 페다고지는 주로 어린아이와 젊은이들을 대상으로 하는 학교교육을 의미한다. 우스갯소리로 아이들이 말을 잘 듣지 않으면 때려야 한다고 해서 페다고지라고 이야기하기도 한다. 반면에 안드라고지는 학교교육과 대립되는 개념으로서 성인교육을 의미하며 어른들은 때려도 말을 듣지 않는다고 해서 안드라고지라고 재미있게 이야기한다. 페다고지는 희랍어 'Paid(어린이)' 와 'Agogus (지도자, 리더)' 의 합성어다. 어린이를 지도하는 것으로 볼 수 있다. 안드라고지는 희랍어 'Aner(성인)' 와 'Agogus(지도자, 리더)' 의 합성어다. 어른을 지도하는 것으로 볼 수 있다.

이러한 페다고지와 안드라고지의 차이점을 살펴보면 첫째, 페다고지는 어린이를 가르치고 안드라고지는 성인학습을 돕는다. 페다고지는 교사가 학생에게 일방적으로 지식을 가르쳐 주는 것이다. 따라서 학생은 수동적인 입장이 될 수밖에 없다. 즉, 성숙한 사람이 미성숙한 사람에게 지식이나 경험을 일방적으로 주입하는 것이다. 반면에 안드라고지의 경우 교사는 성인에게 학습을 가르치는 것이 아니라 학습자가 학습을 잘할 수 있도록 도와주는 조력자 역할을 한다. 따라서 학습자는 능동적이고 자발적이며 교사는 학습을 잘할 수 있도록 지원해 주는 역할을 한다.

둘째, 페다고지에서 학습자는 student, 의존적인 반면 안드라고지에서 학습자는 learner, 자발적인 존재다. 페다고지는 학습대상자를 의존적인 존재로 보고 안드라고지는 학습대상자를 자발적인 존재로 본다. 따라서 학습방법 측면에서 안드라고지는 학습자들의 자발적인 참여를 많이 유도하는 것이 바람직하다. 그리고 페다고지는 언제, 어떻게, 무엇을 배울 것인가를 교사가 일방적으로 결정하지만 안드라고지는 언제, 어떻게, 무엇을 배울 것인가를 학습자가 결정할 수 있다.

셋째, 학습풍토에서 페다고지는 긴장, 경쟁, 권위 지향적인 반면 안드라고지는 신뢰, 상호존중, 지원적이다. 학교교육은 입시 위주의 교육, 성적제일주의 등으로 인해 학생들 간의 긴장이나 경쟁이 심할 뿐만 아니라 교사들이 학생 위에 군림하고자 하는 권위 지향적인 성향이 있다. 성인교육에서 학습자들은 상호신뢰하는 관계에서 존중하는 분위기일 때 학습이 가능하다. 왜냐하면 어떤 평가를 위한 학습이 아니기 때문이다. 그리고 강사는 학습자들이 최대한 학습을 잘할 수 있도록 지원적인 분위기 형성에 노력하는 편이다. 즉, 학교교육은 형식적, 권위 지향적, 평가적인 반면 성인교육은 비형식적, 신뢰와 수용적, 지원적이다.

넷째, 동기부여에서 페다고지는 외적인 보상과 벌이 더 많이 작용하지만 안드라고지는 내적인 인센티브나 호기심이 더 많이 작용한다. 학교교육에서 학습의 동기는 학생들이 잘하면 칭찬이나 보상을 주고 못하면 질책이나 벌 또는 부적인 강화에 의해 동기부여가 이루어지지만, 성인학습자들은 외적인 보상이나 벌보다는 자기 자신이 스스로 동기유발될 수 있다는 것이다.

다섯째, 페다고지에서 강사의 역할은 선생(teacher), 교사이지만 안드라고지에서는 지원자, 조력자(facilitator)다. 학교교육에서 교사는 일방적으로 가르쳐 주는 역할이 주 임무이지만 성인교육에서 지원자, 조력자는 일방적으로 가르쳐 주는 것이 아니라 학습을 잘할 수 있도록 도와주는 역할을 할 뿐이다.

학교교육과 기업교육과의 차이점은 첫째, 가르치는 목적에서 학교교육은 지식의 전달에 있다고 본다면 기업교육은 기업의 성과를 높이는 것이다. 둘째, 교육내용에서 학교교육은 일정한 교육과정과 교안에 얽매이는 경우가 많다. 그러나 기업교육은 교육내용이나 교육과정이 경영상황에 따라 유동적이다. 셋째, 교수자의 경우 학교교육은 권위적인 데 비해 기업교육은 촉진적이며 상호신뢰의 분위기에서 교수학습이 이루어지는 경향이 있다. 넷째, 학교교육은 주로 이론적인 측면과 원리원칙 중심으로 교육이 이루어진다면 기업교육은 경영성과와 연관된 현실적인 문제, 과제해결 중심으로 이루어진다. 다섯째, 학교교육은 개인차이가 비슷하지만 기업교육은 개인차의 폭이 크다.

6. 학습성과의 법칙

학습성과를 향상시키는 법칙들을 몇 가지 살펴보면 다음과 같다. 첫째, 연습의 법칙이다. 연습의 횟수가 많을수록 결합이 강화된다. 즉, 기계적 반복을 함으로써 학습이 이루어진다는 법칙으로 자극과 반응의 결합이 더욱 빈번히 연습되거나 사용되면 그 결합이 강화된다는 것이다. 시험공부할 때 한 번 외우는 것보다 두 번, 세 번 외울 때 더 잘 기억할 수 있는 것과 같다.

둘째, 효과의 법칙이다. 학습결과가 만족스럽게 성취되면 자극과 반응의 결합이 강화되고 불만족스러우면 결합이 약화된다. 즉, 내가 공부한 내용을 생활 속에서 바로 적용하여 효과를 보면 그 학습은 효과가 있고 그렇지 않을 경우 효과가 없다는 것이다.

셋째, 강화의 법칙이다. 어떤 자극에 대하여 특정 반응을 일으켰을 경우 그 반응에 대해 보상함으로써 특정 반응의 확률을 증가시킬 수 있다. 강화의 법칙에는 긍정적인 강화, 부정적인 강화, 그리고 강화계획이 있다. 강화를 어떻게 하느냐가 매우 중요하다.

넷째, 준비성의 법칙이다. 준비된 상황에서 허용할 때 쾌의 상태 또는 학습이 더 잘 일어날 수 있다. 새로운 지식, 기능, 태도의 습득을 위해서는 신체적·정신적으로 일정 수준의 성숙이 이루어져야 만족스러운 학습결과를 얻게 된다. 예를 들면, 교육 전날 밤 늦게까지 술을 마셨을 경우 그 다음날 수업 준비는 잘 되어 있지 않은 것이다. 그리고 교수학습 이론 수업을 하는데 이와 관련된 내용을 미리 공부하였을 경우 준비는 어느 정도 되어 있는 것이다.

다섯째, 직접경험의 법칙이다. 학습은 직접적인 경험을 통해서 실시하였을 때 가장 효과가 크다. 수업은 아동의 직접경험에 바탕을 두고 스스로 직접 해 보도록 하는 것, 즉 learning by doing을 강조한다. 언어적 설명보다는 학습자들의 직접경험을 통한 현장학습이나 직접 사물을 관찰, 실습하고 자료를 수집하여 검증하는 등 구체적 사물을 직접 제시하거나 경험하게 하는 원리다.

여섯째, 개별화의 법칙이다. 학습은 학습자 개인의 상태에 맞추어 실시하였을 때 효과가 크다. 개별화의 법칙은 교육방법의 가장 핵심적인 활동원리이며 모든 지도의 출발점이라고 할 수 있다. 즉, 아동들의 지식, 경험, IQ, 환경 등이 제각기 다르기 때문에 개인차를 인정하고 이에 맞는 수업을 했을 경우 가장 효과적이라는 것이다. 개별화의 법칙이 사교육에서 성행하는 이유가 바로 여기에 있다. 과외는 일대일 수업을 지향한다. 개인별 수준에 맞게 교육을 하기 때문에 효과가 크게 나타날 수 있다는 것이다.

일곱째, 자발성의 법칙이다. 학습의 효과는 학습자 자신의 자발성이 높을수록 크다. 즉, 수업활동에서 학습자는 수동적이고 소극적인 반면 교사의 활동이 적극적인 것은 문제가 있다는 것이다. 과거 교사 중심 수업에서는 학습자의 자발성이 많이 무시되어 온 것이 사실이다. 자발성의 법칙이란, 교사 중심이 아니라 학습자 스스로 모든 측면에서 능동적으로 활동할 수 있도록 교사가 도와주어야 한다는 것이다. 자발성의 원리란, 동기가 내재된 학습을 하도록 하는 것이다.

여덟째, 사회화의 법칙이다. 학습은 개별적으로 하는 것보다 집단적으로 실시할 때 효과가 크다. 이것은 개별화의 원칙과 모순되는 것 같으나, 집단적으로 학습이 실시될 경우 학습자가 서로 자극제가 되어 학습에 수반되는 곤란을 극복하기가 수월하기 때문이다. 교육은 개성을 존중해서 최대한 발휘하도록 하는 것과 더불어 또한 사회적 발달을 신장시켜야 한다. 사회화의 원리는 사회적인 틀 속에서 학습함으로써 학습자의 사회적 인격을 형성하는 것이다.

아홉째, 피드백의 법칙이다. 학습은 결과에 대한 정오(正誤)의 확신 및 교정 등에 의해 효과를 높일 수 있다. 즉, 시험을 치르고 난 후 시험 친 부분에 대해 문제풀이를 할 경우 학습의 효과가 더 높게 나타날 수 있다는 것이다.

교수설계 및 교안작성법

1. 체제적 수업설계

교수계획이란, 특정한 교과내용을 실제 교육에 효과적으로 옮겨 놓기 위해 강사가 준비하는 모든 계획을 말한다. 교육은 인간 행동의 계획적인 변화를 위한 의도적인 노력이므로 성실한 교수계획은 강사 자신의 원활한 학습 진행과 학습자가 훌륭한 학습성과를 거두기 위하여 절실히 요청되는 것이다. 학습을 효과적으로 진행하기 위해서 강사는 학습자의 능력과 이익에 도움이 되는 행동의 변화를 유발할 행위를 선택하고 기획하여야 한다.

어느 회사의 연수담당자로부터 금년에 신임과장을 중심으로 '의사소통과 인간관계' 라는 제목의 강의를 부탁받았다고 가정해 보자.

강의 내용을 어떻게 하면 좋을까? 그 구성과 순서를 어떻게 하면 좋을까? 머리에 잘 떠오르지 않는다. 자신은 잘 알고 있는 내용이지만 타인에게 설명해서 가르치는 일은 매우 어렵다. 더구나 상대가 공감해서 '나도 그렇게 행동해야지.' 라고 결심할 정도로 이야기하게 하는 것은 어려운 기술이다. 듣는 사람을 중심으로 만족할 수 있는 이야기, 도움이 되는 이야기가 되어야 한다. 강사와 학습자 간에 감정이 통하지 않으면 강의는 잘 진행되지 않는다. 이렇게 되면 시간의 낭비일 뿐만 아니라 학습자가 강의 자체를 불신하게 된다. 부탁받은 강의를 어떻게 준비하면 좋을지 다음과 같은 순서로 생각해 보자. 이것은 어디까지나 강사 스스로 준비하지 않으면 안 될 경우를 가정한 것이다.

[그림 3-1] 체제적 수업설계 수립절차

체제적 수업설계 수립절차는 [그림 3-1]과 같다.

① 필요점 조사

강의를 하기 전에 반드시 해야 할 일이 바로 강의 필요점 조사다. 교육 필요점은 의사가 환자를 진찰할 때 청진기를 대어 보는 것과 마찬가지다. 의사는 환자의 어느 부위가 아픈지를 확인하기 위해 항상 진단을 하게 된다. 진단의 방법에도 여러 가지가 있듯이 교육에서도 학습자들에게 필요한 교육, 현업적용성이 높은 교육, 성과 있는 교육을 하기 위한 필요점 조사가 있다. 필요점 조사는 3P 분석, 즉 교육목적(purpose), 학습대상자(person), 학습장소(place)를 분석하는 것이다.

체제적 수업설계의 첫 단계는 필요점 조사다. 강의 요청의 목적이 무엇인지를 먼저 알아야 한다. 그리고 강의를 요청한 회사에서 요구하는 방향을 분석하는 것도 중요하다. 또한 학습자 분석을 해야 한다. 즉, 학습자의 학력, 연령, 이와 유사한 강의를 받았는지 등에 대해 알아보아야 한다. 그리고 학습장소에 대한 분석을 한다. 교육목적과 학습대상자, 학습장소의 3P 분석과 함께 강의를 요청하는 사람과 강의를 요청받는 사람 모두에게 필요한 강의의뢰 확인사항을 시트로 만들 필요가 있다(〈표 3-1〉 참조). 강의를 의뢰 시 이 시트를 주고받음으로써 서로의 확인사항을 명확히 할 수 있다.

필자의 경우에도 강의 초창기 때, 즉 10여 년 전에는 필요점 분석을 하지 않아 낭패를 본 경우가 많았다. 한번은 경기도 연천 군청에

〈표 3-1〉 강의 의뢰 시 확인사항

강의 요청 회사	회사명: 부서명: 담당자명:	강의 요청 담당자 연락처	사무실: 핸드폰: 팩스: e-mail:
과정명		강의주제	
학습목표			
강의내용 중 요청사항			
강의 일시		강의 장소	강의장소 약도 첨부
학습자 특성	전체인원: 남녀성비: 연령: 학력:	학습자 선수학습 요소	교육일정표 첨부
강사료		기타	
강사 인적사항	성명: 주민등록번호: 소속 및 직급: 주소: 사무실: 팩스: 핸드폰: e-mail:	제출서류	• 통장사본 • 재직증명서 • 강사 약력 • 교안
교보재 요청사항	• 빔프로젝트 ( ) • 인터넷 ( ) • 노트북 ( ) • 화이트보드 ( ) • OHP ( ) • VTR ( ) • 기타 ( )	기타	

서 강의 의뢰가 온 적이 있다. 군청에서 왔으니 당연히 5, 6, 7급 정도 공무원 대상일 것이라고 생각했었는데 막상 가 보니 할머니, 할아버지를 대상으로 강의하는 것이었다. 그런데 주제가 '전략적 자기관리'였다. 바로 대상 분석이 되지 않아 낭패를 본 경우다.

목적 분석

구분	유의점
동기부여	• 청중이 받아들일 기분이 되어 있다. • 청중이 발표자에게 호의적이다. • 논리적인 내용만으로는 효과적이지 못하다. • 감정에 초점을 맞추는 편이 효과적이다. • 연출이 필요하다.
정보제공	• 청중의 필요점을 파악하고 있다. • 청중이 이미 알고 있는 정보와 관련짓는다. • 너무 많은 정보는 오히려 이해가 힘들다. • 시각자료를 많이 사용하는 편이 이해를 돕는다. • 정보를 단순히 나열해서는 곤란하다.
설득	• 사실을 주장하여 받아들이게 한다. • 새로운 가치관을 제시하고 태도를 바꾸게 한다. • 발표자의 조건(신뢰성, 전문성, 활동성)을 갖추고 있다. • 논리와 감정의 균형을 취한다. • 이야기 속에 청중의 이익이 들어 있다. • 청중의 이익에 대한 근거가 확실히 제시된다.
의례적	• 모임의 취지를 제대로 인식한다. • 청중이 기대하는 역할에 부응한다. • 분위기에 합당한 내용이다. • 지루하게 이야기하지 않는다. • 정해진 문구가 있으니 주의한다.
엔터테인먼트	• 적절한 유머를 사용한다. • 주제와 관련성 있다. • 청중의 성격에 유의한다.

대상분석

구분	유의점
청중의 규모	전체 인원이 몇 명인가? 소수인가? 다수인가?
청중의 수준	청중의 학력, 전공, 경력 (회사의 경우 직급, 근속연수 등)
청중의 연령	10대, 20대, 30대, 40대, 50대, 60대 등
청중의 성별	남성, 여성

장소분석

구분	유의점
장소분석	• 회의장 명칭 – 주소, 전화 • 소요시간 – 약도 등
환경분석	• 대강의장, 회의실, 세미나실 • 레이아웃 • 책상, 의자 유형 • 소음 등
설비분석	• 화이트보드 • 마이크 시설 • beam projector: 고정식, 이동식 • OHP screen: 위치, 고정식, 이동식 • 전기 콘센트: 볼트, 위치 • 컴퓨터 • 연단 등

② 강의목적 확인

강의목적은 단기 계획보다 장기 계획에 더 어울린다. 비교적 장기 간인 한 코스 동안 획득하게 될 일련의 행동을 설명한다. 강의목적은 기업에서 교육실시의 방침, 교육과정 안내서나 강사 안내서, 교과서 등에서 확인할 수 있다. 강의목적을 확인하기 위해서는 학습자의 특성을 파악하는 것이 중요하다. 즉, 학습자의 일반적 능력 수준 파악, 학습자들은 강의상황에서 어떤 기능과 지식을 가졌는가? 가르치는 것뿐만 아니라 일반적인 학습에 대한 학습자들의 태도는 어떠한가? 등을 파악하는 것이 중요하다.

이러한 강의목적의 용도는 교육과정 개발을 위한 안내서, 평가개발 지침, 강의활동을 위한 방향을 제시해 준다. 여기서 목적이란 좀 더 추상적이며 광범위한 것이고 목표는 좀 더 구체적이고 명확한 것이다. 예를 들면, 신입사원 입문과정의 목적이 각 회사의 상에 맞는 인재를 조기에 육성하는 데 있다면 목표는 지식, 기능, 태도의 측면에서 행동적인 목표로 진술하는 것이 일반적이다. 목표 진술을 보면 첫째, 회사의 전통과 문화를 설명할 수 있다. 둘째, 직장인으로서 가져야 할 올바른 예절을 다섯 가지 이상 말할 수 있다. 셋째, 변화하는 시대에 조직에 적응할 수 있는 방법을 말할 수 있다. 넷째, 각종 제안서 또는 문서를 파워포인트로 작성할 수 있다. 다섯째, 직장인으로서 가져야 할 기본적인 자세를 확립할 수 있다. 이와 같이 지식, 기능, 태도의 측면에서 목표를 구체적으로 진술할 수 있어야 한다.

③ 강의목표 확인

강의목표는 강의를 받은 학습자들이 할 수 있게 될 것을 분명하게 나타내야 한다. 일반적으로 기업교육에서 잘 되지 않는 것이 목표 진술 부분이다. 행동주의 이론 입장에서 목표는 행동적 목표 진술방법이 가장 바람직하다고 본다. 이러한 행동적 목표 진술방법은 목표 진술을 할 경우 가장 널리 사용되는 방법 중의 하나이기도 하다. 특히 구체적인 성과를 지향할 경우 행동적 목표 진술방법은 여러 가지 측면에서 도움이 되는 진술방법이다.

행동적 목표 진술이란, 관찰할 수 있는 행동적 관점에서 진술한 교수목표를 말하는 것으로 Tyler나 Bloom의 목표 진술에서 볼 수 있듯이 학습의 결과를 행동으로 관찰 가능하게 진술하는 것을 말한다. 그럼에도 불구하고 기업교육에서 목표 진술은 제대로 되고 있지 않을 뿐만 아니라 실제로 목표 진술방법을 알고 있는 기업교육 담당자도 드물다. 행동적 목표를 어떻게 진술해 나갈 것인가에 대한 방법은 〈표 3-2〉에 설명되어 있다.

〈표 3-2〉 행동적 목표 진술방법

구성요소	기능
행동	학습자들이 무엇을 하길 기대하는 관찰 가능한 행동 예) '설명한다, 열거한다, 철자를 쓴다, 묘사한다, 회전시킨다' 등의 행위동사를 사용하는 것이 바람직한 목표 진술방법이다. 반대로 '알다, 이해하다, 감상하다' 등을 포함하는 동사들은 관찰할 수 없는 행동이므로 쓰지 않는 것이 좋다.
조건	학습자들이 어떤 환경(조건)하에서 행동을 수행하도록 기대하는지를 나타낸다. 예) 한 워크숍이 끝난 후에, 이 과정을 끝마친 후에
준거	학습자들이 행동을 얼마나 잘, 얼마나 빨리 수행할 것이 기대되는지를 나타낸다. 예) 90% 이상 또는 몇 개 이상

〈표 3-3〉 수업목표를 위해 제안된 동사

학습결과 영역	제안된 동사
지식	열거하다, 진술하다, 설명하다
지적 기능	분류하다, 적용하다, 해결하다
운동기능	수행하다, 실시하다
태도	선택하다

질문 신입사원 입문과정 목표 진술해 보기

직무교육 중 한 가지인 채권관리 실무과정에 대해 목표 진술해 보기
전산교육에 대해 교육목표 진술해 보기.

〈표 3-4〉 학습유형에 따른 행동유형

학습유형(영역)		학습자 수행을 기대하는 행동유형	예시 목적
지식		정보(사실)를 회상한다.	강의기법의 종류를 기억한다.
지적 기능	개념 학습	개념의 예를 확인한다.	다양한 종류의 상담기법을 분류한다.
	규칙 학습	특정한 문제유형을 해결하는 데 주어진 규칙을 사용한다.	부가가치세를 계산해 낸다.
	문제 해결	주어진 문제를 해결하기 위해 적절한 규칙을 선정하여 사용한다.	안전사고 문제를 해결하기 위해 설득력 있는 사고 수습안을 작성한다.
운동기능		신체적 활동을 수행한다.	파워포인트로 제안서를 작성한다. 나무로 모형 배를 만든다.
태도		주어진 태도와 일관된 행동을 보인다.	'상사에게 인사한다.' 항목에 체크한다.

목표는 목적으로부터 나온다. 스스로 시행한 강의나 일련의 관련된 강의 끝에 얻고 싶은 한두 개의 의미 있는 목표를 확인하는 것이 좋다. 이러한 목표는 학습자가 강의를 들은 후 무엇을 할 수 있을 것

〈표 3-5〉 목표의 짧은 형태

학습결과 영역	흔히 포함되는 요소
지식	조건, 행동
지적 기능	행동
운동 기능	행동, 준거
태도	조건, 행동

인지를 설명해 주는 한편, 시험문제를 작성하는 데 사용할 수 있다. 즉, 평가문항은 결국 목표에서 나온다는 것이다. 각각의 목표에서 4, 5개의 평가문항을 추출해서 시험문제로 출제하는 것이 바람직하다. 〈표 3-5〉에 제시된 목표들은 학습결과 영역이 지식인가, 지적 기능인가, 운동기능인가, 태도인가에 따라서 조건과 행동과 준거가 다르게 포함될 수 있지만 네 가지 영역 모두 포함되는 것 중의 하나는 행동이다. 즉, 행동적인 행위동사는 네 가지 학습영역 모두 똑같이 진술되어야 한다는 것이 행동주의적 목표 진술가들의 입장이다.

④ 강의활동 설계

어떻게 강의를 하면 학습자들이 학습효과를 잘 낼 수 있는가 하는 부분은 끊임없이 연구되어 왔다. 그중 단위수업을 할 경우에 가장 널리 알려지고 활용되고 있는 부분이 Gagné 9 events이다. 가네는 수업사태와 수업전략을 크게 아홉 단계로 나누어 설명하고 있다. 가네에 의해 개발된 수업의 사태(event of instruction)는 단위수업, 즉 일정한 시간에 마칠 수 있는 주제 혹은 목표를 달성하기 위하여 활용할 수 있는 일련의 순차적 활동이자 교수방법으로 구성되어 있다. 가네는 학습목표를 성공적으로 달성하기 위해서는 내적 조건과 외적 조건이 충족되어야 한다고 보았다. 학습의 내적 조건에는 학습목표와 관련된 사전지식을 학습자가 가지고 있느냐와 관련된 본질적 조건과, 학습자가 학습할 동기를 가지고 있느냐와 관련된 보조적 조건이 있다. 이러한 내적 조건이 확보된 상태에서 외적 조건이 중

〈표 3-6〉 강의활동 계획의 예

구분	수업전략
1. 주의집중	• 수업과 관련된 화두를 재미있는 문제나 게임으로 도입한다. • 문제선정 동기 및 문제해결 활동의 중요성을 토대로 간단한 예화를 들어 설명한다.
2. 학습목표 제시	이번 과정을 마치면 어떤 것을 해결할 수 있는지 의도하는 문제에 대한 해결책을 주지시킨다.
3. 선수학습 회상자극	관련 문제해결 전략이나 필요한 인지적 지식을 회상할 수 있도록 학습자를 고무시킨다. 즉, 지난번에 학습했던 내용을 질문하거나 소개한다.
4. 자극자료의 제시	해결되어야 할 문제의 독특한 특징을 설명해 주거나 관련된 문제에 대해 많은 자극자료를 제시한다.
5. 학습지침의 제공	문제해결에 필요한 단서를 제공한다.
6. 수행행동의 유도	문제해결에 이르는 일반적인 과정을 설명하고 문제해결 활동에 학습자를 적극적으로 참여시킨다.
7. 수행결과에 대한 피드백	문제해결을 위해 이제까지 동원된 해결책이나 활동 자체의 타당성에 대한 피드백을 한다.
8. 수행결과의 평가	문제해결 활동결과를 팀별로 평가한 후 평가결과에 대해서 공유할 수 있는 기회를 갖는다.
9. 기억 및 전이 촉진	유사한 문제상황에 일반화시킬 수 있도록 주어진 문제상황에서 일반적인 특징을 추출할 수 있도록 하고, 학습자에게 비슷한 문제상황을 제시하고 실제로 적용할 수 있는 기회를 제공한다.

〈표 3-7〉 강의활동 계획의 실습 예

교육목표: 좋은 인간관계를 유지하는 방법 다섯 가지를 설명할 수 있다.

강의활동 유형	주요전략	강사의 역할	학습자 역할	매체
1. 동기	• 흥미감 유발(재미있는 그림 제시 등) • 능동적 참여 유발(질문) • 성공조건 제시 • 실제적 보상	• 재미있는 몇 가지 그림 제시를 한다. • 좋은 인간관계를 유지하는 방법에 대해 간단한 질문을 한다.	질문에 반응	빔프로젝트
2. 목표	• 수업 전에 명확히 제시 • 기대수준을 확실히 명시	좋은 인간관계를 유지하는 방법에 대해 설명할 수 있다는 것을 강조한다.		빔프로젝트
3. 선수요소	수업을 하기 위한 학습자의 지식, 기능, 태도 확인	의사소통의 중요성, 대화방법, 좋은 인간관계 요소 등에 대해 질문해 본다.	질문에 반응	빔프로젝트
4. 정보와 예	학습자들이 알 필요가 있는 정보와 예 제시	• 성공한 사람들의 실제 제공 • 좋은 인간관계와 나쁜 인간관계의 정보 및 예 제시		VTR
5. 연습과 피드백	학습자들이 직접 해 볼 수 있는 기회를 주고 반드시 피드백 제공	• 좋은 인간관계를 갖는 사람들의 특성 위크숍 • 나쁜 인간관계를 갖는 사람들의 특성 위크숍 • 좋은 인간관계를 유지하는 방법 실습	토의	빔프로젝트
6. 추가적인 예	학습자가 놓친 추가적인 예를 강사가 제시	• 인간관계와 관련된 추가적인 예 제시(정정의 중요성) • 올바른 인간관계에 대한 추가적인 예시	발표	빔프로젝트
7. 추가적 연습과 피드백	학습자에게 추가적인 연습의 기회 및 피드백 제공	• 개인적으로 나쁜 인간관계 때문에 고생했던 것 기술하기 • 올바른 인간관계에 대한 추가적인 예시	발표	빔프로젝트
8. 요약	• 수업목표 재확인 • 수업의 전체적인 요약	• 과정을 통해서 느낀점을 질문한다. • 과정목표에 대해 개별적으로 말하게 해 본다.	발표	빔프로젝트

요한 기능을 한다는 것이다. 가네의 9 events는 체계적인 외적 조건을 위한 아이디어로 내적 조건이 확보되어 있다고 하더라도 외적 조건이 제공되지 못하면 성공적인 학습이 이루어지지 않는다고 보았다. 즉, 단위수업을 할 경우 아홉 단계를 거쳐 수업하면 학습자들이 가장 효과적으로 학습할 수 있다는 것이다. 그러나 학교현장이나 수업하는 교사들이 이 아홉 단계를 모두 거쳐서 강의하지는 않는다. 경우에 따라서는 몇 단계를 하지 않고 지나가는 경우도 많이 있다. 여기서 중요한 것은 아홉 단계의 아이디어다. 강의도 서론이 있고 본론이 있고 결론이 있다. 서론 부분에서 해야 할 일, 본론 부분에서 해야 할 일, 결론 부분에서 해야 할 일이 있다. 실제로 강의를 많이 하는 강사나 교사, 교수들은 이 아홉 단계를 항상 염두에 두고 강의할 필요가 있다(〈표 3-6〉 참조).

⑤ 강의매체 선정

강의매체에는 필름, OHP, 컴퓨터, 칠판, 교과서, CD-ROM, 비디오, 멀티미디어, 슬라이드 등이 있다. 강의매체를 선정할 때 고려해야 할 요소는 첫째, 실용성이다. 즉, 장비를 쉽게 구입할 수 있으며 지금 강의환경에서 쉽게 사용할 수 있는가 등이 고려되어야 한다. 둘째, 적합성이 고려되어야 한다. 즉, 학습자들의 일반적인 능력이 비디오를 보기에 적합한지, 인쇄매체를 잘 볼 수 있는지 등에 대해 고려해야 한다. 셋째, 특정한 강의활동을 제시하기에 알맞은지 고려해야 한다. 무조건 OHP나 파워포인트가 좋은 것은 아니다. 상황

구분	비율
시각	83%
청각	11%
후각	3.5%
촉각	1.5%
미각	1.0%
계	100%

〈표 3-9〉 기억잔류도(24시간 경과 후)

구분	기억잔류도
읽기	10%
듣기	20%
보기	30%
보고, 듣기	50%
자기가 한 것	70%
자기가 말로 표현하고 행동한 것	90%

에 따라서는 인쇄물이나 유인물이 좋을 수도 있고 화이트보드를 활용하는 것이 더 좋을 수도 있다. 강의매체를 활용할 경우 5관에 의한 지각 정도의 비율과 기억잔류도 비율을 살펴보면 각각 〈표 3-8〉, 〈표 3-9〉와 같다.

6 평가도구 개발

평가를 실시하는 이유는 첫째, 학습자들의 점수를 배정하고 둘째, 학습자들이 아는 것을 판정하여 적합한 교정을 제공하며 셋째, 수업

<표 3-10> 목표영역에 따른 전형적인 시험유형

영역	시험유형과 평가
지식	선다형, 완성형
지적 기능	선다형, 완성형: 논술문, 산출물
운동기능	점검표, 등급
태도	행동의 관찰, 행동에 대한 설문지

의 비효과적인 부분을 밝혀내기 위해서다. 그러나 평가의 가장 궁극적인 목표는 교육목표 달성 여부에 있다. 평가도구를 개발할 때 평가의 목표영역에 따른 전형적인 시험유형은 〈표 3-10〉과 같다.

7 강의 실행

강의를 할 때 완전학습을 지향하지만 실제로는 개인에 따라 다양

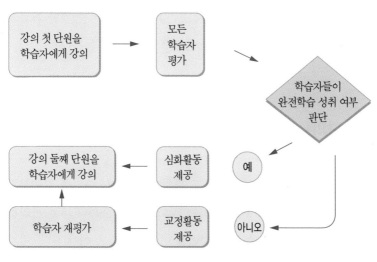

[그림 3-2] 완전학습 접근의 예

하게 학습효과가 나타난다. 여기서 완전학습 접근의 예를 구체적으로 나타내면 [그림 3-2]와 같다.

⑧ 강의 수정

강의를 하는 동안 강사는 학습자로부터 많은 정보를 습득할 수 있다. 이러한 정보를 활용하여 다음 강의에서 수정, 보완하는 것이 필수적이다. 그럼에도 불구하고 한 번 계획된 강의계획서는 좀처럼 수정되지 않는다. 강의 수정활동을 위한 정보 수집방법에는 강의 중 자신이 느낀점, 학습자의 반응이나 질문, 학습자의 조언, 평가에 대한 반응, 더 좋은 정보의 발견 등이 있다. 이러한 것으로 계속 강의활동을 위해 수정해 나가는 것이 중요하다.

수정활동을 하지 않은 경우, 30대 교수는 어려운 것만 가르치고, 40대 교수는 중요한 것만 가르치고, 50대 교수는 아는 것만 가르치고, 60대 교수는 생각나는 것만 가르친다는 평가를 듣는다.

2. 강의를 실행하는 방법

강의에서 중요한 것은 도입 5분 관리다. 도입 시 주의를 집중시킬 수 있는 방법으로 5분 관리를 하는 것이 매우 중요하다. 5분 관리를 잘하려면 주의집중할 수 있는 방법을 미리 준비해 두어야 한다. 필자가 가장 자주 사용하는 도입 시 5분 관리방법은 제1장 '강의 첫 5분 관리'를 참고하면 된다.

왜 5분 관리가 중요하냐 하면 사람은 첫인상이 중요하기 때문이다. 인상이론 중 일관성 오류 이론이 있다. 이 이론에 의하면 사람은 한번 판단을 내리면 상황이 달라져도 그 판단을 지속적으로 하려는 욕구가 있다는 것이다. 즉, 처음 5분을 잘 관리하면 중간에 잘못해도 첫인상이 좋았으니 그 판단으로 계속 가는데, 처음 5분 관리를 잘못하면 중간에 잘해도 잘못된 인상의 판단을 지속적으로 하려는 욕구 때문에 바꾸는 것이 쉽지 않다는 것이다. 그다음으로 인상이론 중 인지적 구두쇠 이론이 있다. 인상 형성에서 사람들은 상대방을 판단할 때 가능하면 노력을 덜 들이면서 결론에 이르려고 한다는 것이다. 따라서 처음 5분 관리를 어떻게 하느냐에 따라 강의가 쉽게 진행될 수도 있고 어렵게 진행될 수도 있다는 것이다.

강의의 기본을 이루는 구성요소에는 크게 도입(서론), 전개(본론), 종결(결론)이 있다. 각각의 단계에서 강의를 잘하기 위한 방법에 대해서 알아본다.

① 도입하는 방법(서론, 10%)

도입 부분은 보통 주의집중, 동기 부여, 강의개요 설명 등으로 이루어진다. 대부분 자기소개 시간을 도입으로 하는 경우가 많다. 도입 부분은 강의할 시간이 어느 정도냐에 따라서 10%가 되기도 하고 5%가 되기도 한다. 강사가 상황에 맞게 시간을 할애하면 된다.

강의는 언제부터 시작되는가? 강의는 강사가 문을 열고 들어올 때부터 시작된다. 이때 비언어적인 부분이 매우 중요하다. 강사가 학습자들과 눈도 마주치지 않는다든지, 자신감이 없다든지 하는 것은 좋지 않은 행동이다. 학습자들은 강사가 강의장 문을 여는 순간부터 관찰한다. 그러므로 강사는 자신감 있는 행동으로 미소를 짓고 눈을 마주치면서 "반갑습니다." "안녕하세요."와 같은 말로 시작하는 것이 좋다.

무슨 일이든 서론, 본론, 결론의 형태로 구성된다. 영화나 연극도 그렇고 연애하거나 협상할 때도 마찬가지다. 바로 작업에 들어가지는 않는다는 것이다. 도입 시에도 주의집중을 위해 다양한 소재들을 사용할 수 있다.

자기이름　　○○ 회사에서 자기소개 시간에 자신의 이름을 'Air System'이라고 쓴 사람이 있었다. 그 사람의 이름은 '공기식'이었다. 이와 같은 식으로 하는 것도 하나의 방법이 된다.

신체적인 특성　　키가 작은 경우 "여러분들은 모두 다 저보다 키가 커서 참 좋겠습니다. 키가 크니까 멀리 내다볼 수 있겠죠. 그런데 저는 키가 작아서 낮게 보면서 자세히 볼 수 있습니다."

시사적인 이야기　　"50년 전 오늘은 무슨 일이 있었을까요?"라는 질문으로 시작한다든지, "오늘 아침 신문을 보니까 어떤 일이 있었는데, 여러분들은 어떻게 생각하십니까?"라고 시작해도 좋다. 누구나 다 아는 시사적인 이야기를 통하여 강사가 강의를 준비한 성의를 보여 주는 것이 좋다.

강의주제와 관련된 화두　　창의력 개발 강의의 경우 다음과 같이 시작할 수 있다. "건설회사에는 롤러 기사가 있습니다. 성실한 롤러 기사는 어떤 사람일까요? 안전법규를 준수하고, 시간을 잘 지키며, 롤러를 잘 관리하는 기사가 성실한 롤러 기사가 아닌가 생각됩니다. 그런데 창의적인 롤러 기사는 어떤 사람일까요? 제가 알고 있는 롤러 기사 중에 실제로 그런 기사가 있었는데, 참으로 신기하더라고요. 해운대 백사장에 롤러를 끌고 갑디다. 거기서 한 번 밀고 가면 어떻게 될 것 같습니까? 카펫처럼 되겠죠. 그런데 바퀴에 글자를 새겨서 밀고 가면 어떨까요? 그것이 바로 광고가 되는 것이죠. 창의력이란 바로 이런 것이 아닐까 생각됩니다." 이렇게 시작해도 좋다.

유머　유머로 시작할 경우에는 Y담은 가급적 피하고 뒷맛이 괜찮은 유머를 활용하는 것이 좋다. 어떤 강사의 경우 Y담으로 시작해서 Y담으로 끝나는 경우가 있는데, 이것은 좋지 않다.

인사나 박수　"여러분들이 저에게 박수를 쳐 주셨는데, 박수에는 어떤 의미가 있을까요?"라고 앞에 있는 사람에게 슬쩍 질문해 본다. 옆사람이 발표할 경우 "쿳숀 먹고 옆에 있는 분이 대답하시네요."라고 말을 시작할 수도 있다. "아마 열과 성을 다해서 강의를 해 달라는 의미로 박수를 보내주셨을 거라고 생각합니다. 그런데 처음보다 마지막에 박수를 받는 것이 더 의미가 있을 것이라고 생각됩니다. 마지막에 박수를 받을 수 있게 열심히 하겠습니다."라고 시작할 수 있다.

학습자 배려　"저한테 이렇게 귀중한 시간을 내주신 데 대해 먼저 감사드립니다."라는 말로 학습자에 대한 배려의 표시를 한다. 그런 후 "비록 제가 모든 것을 다 알지는 못하지만 제가 알고 있는 범위 내에서 최선을 다해서 귀중한 시간을 내신 여러분들께서 최소한 몇 가지만이라도 얻어 가실 수 있도록 노력하겠습니다."라고 말함으로써 자신감과 철저한 준비를 했다는 것을 보여 주어 학습자들이 관심을 갖고 들을 수 있도록 동기를 유발시킨다.

② 전개하는 방법(본론, 80%)

강의 전개 시 중요한 것은 매 15분마다 폭탄을 설치하는 것이다. 이 폭탄의 역할을 하는 것이 바로 재미있는 스팟, 동영상, 플래시, 유머, 게임, 흥미를 끌 수 있는 사례 등이다. 폭탄이 없는 강의는 그 자체가 바로 폭탄이다.

사람들은 재미가 없어도 15분 정도는 주의집중이 가능하다. 그런데 15분 정도가 지나면서 강사의 목소리가 일정하고 목소리의 크기도 작고 내용도 지루하다면 졸음이 온다. 그래서 강의할 때 매 15분 정도마다 폭탄이 설치되어 있어야 한다. 폭탄을 터트리면 조는 사람도 바로 깬다. 사실 강의내용이 중요하지, 폭탄이 중요한 것은 아니다. 그럼에도 불구하고 대부분의 학습자들은 폭탄을 터트릴 때는 눈이 반짝반짝 빛나다가 중요한 이론적인 내용을 설명하면 조는 경우가 허다하다. 그래서 폭탄의 역할이 중요한 것이다.

강의를 전개해 나갈 때 15분마다 폭탄이 설치되어 있으면 재미없는 이론적인 내용도 조는 사람 없이 주의집중을 하게 할 수 있다. 그런데 이 폭탄은 강의내용과 관련이 있는 폭탄이면 더욱 좋다. 스팟카드에 나와 있는 내용들이 이미 제조되어 있는 폭탄들이라고 보면 된다. 이런 폭탄들을 강의 중간중간에 활용하라는 것이다.

다음은 강의 내용과 관련이 있는 폭탄의 예다. 의사소통을 강의할 때 자주 쓰는 강의 내용과 관련이 있는 폭탄의 예다.

- 은행에 통장 재발행하러 가서 은행원에게 "이것 재개발하러 왔습니다." 했지요. 은행원과 함께 한참 웃었습니다.
- 아버지 생신이신 줄 알면서도 음식이 너무 많이 차려진 걸 보고 했던 말 "엄마, 오늘 제사야?"

	결혼 전에	결혼 후에
사랑의 속삭임	너 없이 못살아	너 때문에 못살아
밤길에 무섭다고 할 때	내가 지켜줄게	니가 더 무섭다
방귀 뀌면	자기, 속 안 좋아	야, 싸라 싸
감기 들면	약 사 줄까	가까이 오지 마
때리고 도망 가면	자기야 사랑해	잡히면 죽는다

추임새 비슷한 폭탄 강의를 하면서 중간중간에 다음과 같은 말을 한다.

- 오늘은 잘 알아듣지도 못하면서 잘 알아듣는 척하는 사람들이 많으세요. 아는 척하지 말고 받아 적으세요.
- 오늘은 안 가르쳐 드리려고 했는데 여러분들이 잘 들어 주어서 가르쳐 드리겠습니다. 그래도 감사하다는 표정들이 아니세요. 관심이 없다는 겁니까?
- 이 분야에서는 내가 최고의 권위자입니다. 다른 데서는 다 인정하고 알아주는데 여러분만 인정하지 않는 눈치예요.

전개할 내용 배열은 전체에서 부분으로, 시간적 순서에 의해, 공간적 순서에 의해, 쉬운 것에서 어려운 것으로, 아는 것에서 모르는 것으로, 일반적인 것에서 특수한 것으로, 중요한 것에서 덜 중요한 것으로 한다. 전개는 강의의 주 내용을 설명하는 것이다. 본론을 강의할 때에도 주제에 따라서 서론, 본론, 결론의 형식으로 구성하는 것이 바람직하다. 학습내용의 경우에도 관심 끌기 부분이 꼭 들어가는 것이 좋다.

Keller는 학습내용을 전개할 때, 즉 수업을 해 나가는 데 있어서 어떻게 하면 매력적으로 할 수 있을 것인가에 대한 전략을 체계적으로 종합하여 ARCS(Attention, Relevance, Confidence, Satisfaction) 이론을 제안하였다. 그는 인간이 어떤 과제를 해결하고자 하는 노력과 실제로 행하는 수행, 수행의 결과에 영향을 미치는 개인특성 변인과 환경 변인이 학습동기에 많은 영향을 미친다고 보았다. 이 중 환경 변인이 학습자들의 동기 수준을 결정짓는 중요한 역할을 하게 되는데, 그 환경 변인으로 주의집중, 관련성, 자신감, 만족감 등 네 가지가 있다고 보았다. 이 네 가지 관점에서 어떻게 동기를 유발하는지 살펴본다.

주의집중

주의집중(attention)은 지각적 수준에서 인식의 수준까지 끌어올려야 한다. 즉, 단순한 재미 수준에서 벗어나서 흥미를 불러일으킬 수 있도록 해야 한다. 단지 웃기기 위해 플레이보이 잡지를 보여 주는 Y담 수준에서 벗어나서 인식의 수준 또는 강의와 연결지어서 하는 것이 좋다. 주의집중을 하기 위해서는 재미있는 유머도 좋지만 학습자들이 흥미를 가질 수 있는 내용을 찾아내는 것이 중요하다. 또는 이슈나 심각한 이야기를 던지는 것도 하나의 방법이 될 수 있다.

이렇게 학습자들의 흥미를 유발하고 유지시킬 수 있도록 학습자들에게 지각적 각성(perceptual arousal), 탐구적 각성(inquiry arousal), 변화성(variability)을 계속해서 제시해야 한다. 지각적 각성은 수업이 정말 흥미롭게 진행될 것이라는 기대를 불러일으킬 수 있도록 학습자들에게 재미있는 그림 등을 보여 주는 것이다. 탐구적 각성은 학습자들의 지적 호기심을 유발시키는 것으로 질문을 한다든지 문제를 제시하여 주의를 집중시키는 것이다. 변화성은 학습자들의 지루함을 덜어 주기 위해 다양한 학습방법을 도입하거나 목소리를 다양하게 구사하는 것이다.

관련성

내가 왜 이 학습을 하는가, 이 학습을 하고 난 후 내게 어떤 도움이 되는가를 명확히 해 주는 것이 중요하다. 현재 학습이 재미가 있고 이득이 될 수 있다는 것을 확인시켜 주는 것이다. 즉, 내적 인센티브를 줄 때 학습은 가장 효과적이다. 예를 들면, 면허취소가 되기 전에 안전수칙 불이행으로 시험 쳐서 80점 이상 맞으면 15일 감면받는 교육이 있다. 안전수칙에 대한 강사는 우리가 지금까지 배운 주의집중이나 서론, 본론, 결론 다 무시하고 바로 강의에 돌입한다. 그렇게 하더라도 학습자들은 어떤가? 눈을 말똥말똥 반짝반짝하면서 강의를 듣는다. 이렇게 하더라도 학습자들은 강의에 잘 빨려든다. 이것이 바로 관련성(relevance)이다. 나와 직접적인 관련이 있기 때문에 교수학습 이론을 완전히 무시하더라도 학습은 잘 이루어진다. 특히 자격교육의 경우 대부분 관련성이 매우 높다. 반대로 관련성이 가장 낮은 교육은 어떤 것이 있을까? 민방위 교육을 들 수 있다.

관련성은 모티프 일치, 목적 지향성, 친밀성으로 구성된다. 위의 예에서는 학습자의 모티프와 일치되기 때문에 학습을 잘할 수 있었다. 목적 지향성은 학습자들에게 수업을 하는 목적을 구체적이고 분명하게 이야기해 줄 때 학습이 더 잘될 수 있다는 것이다. 친밀성은 새로운 교육내용이라 하더라도 학습자들이 이전에 배웠던 내용과 유사한 것처럼 유의미하게 연결시켜 주는 것이다.

자신감

학습자에게 자신감(confidence)을 갖게 해 주어 긍정적인 피드백을 받을 수 있게 한다. 강사는 학습자들이 쉽게 대답할 수 있는 것을 질문한다든지, 답을 할 수 있는 학습자에게 질문을 하는 것이 좋다. 강사가 자기자랑만 한다든지, 아주 어려운 질문을 하거나, 답을 못하도록 질문을 한다면 학습자들은 쉽게 좌절하게 된다. 자기만 잘났고 학습자들을 미숙한 사람 취급하는 강사들이 의외로 많이 있다. 그래서 자기만 알고 있는 내용을 고의로 질문하여 학습자들을 무시해 버리는 경우가 있는데, 이것은 바람직하지 않다.

자신감은 학습 성공에 대한 기대감을 다루고 있으며 학습요건, 성공기회, 개인적 통제로 구성된다. 학습요건은 이번 수업에서 기대하는 것이 무엇이고 어떻게 평가할 것인가 등의 정보를 학습자들에게 제공하는 것이다. 성공의 기회는 위에서 제시한 바와 같이 학습자들이 대답할 수 있는 질문을 함으로써 성공의 기회를 부여하는 것이다. 개인적 통제는 학습자들이 자기주도적인 학습을 할 수 있는 여건을 마련해 주는 것이다.

만족감

학습자들에게 만족감(satisfaction)을 주는 것도 중요하다. 즉, 학습자들이 교육 중간중간에 운동을 좀 넣어 달라고 하거나 야외수업을 하자고 할 경우 특별히 문제가 없으면 수용하는 것이 좋다. 이때 조심해야 할 것은 그냥 내버려 두면 안 된다는 것이다. 운동도 어디까지나 수업의 연장으로서 하도록 해야 한다. 철저한 규칙을 정해서 또는 교육과 연관지어 할 수 있도록 해야 한다. 즉, 학습자들의 성숙도를 고려해서 관리해야 한다. 만족감은 성취에 대한 만족감뿐만 아니라 교육적인 측면 외의 만족감도 고려해야 한다.

이러한 만족감은 내재적 강화, 외재적 보상, 공정성으로 구성된다. 내재적 강화는 학습자들이 내적인 만족을 통해 스스로 동기유발될 수 있게 학습자들의 내재적 자존심에 대한 언어적인 강화를 하는 것이며, 외재적 보상은 어떤 과제를 해결했을 경우 칭찬이나 외적 보상을 제공하는 것이다. 공정성은 실제로 수업한 내용에서 시험 문제를 출제한다든지, 학습자 모두를 공정하게 대하는 것 등이 해당된다.

③ 종결하는 방법(결론, 10%)

강의 처음 5분 관리가 중요하듯이 마무리 5분 관리도 중요하다. 마무리 5분 관리는 감동적인 영상이나 문구로 미리 준비해 두는 것이 좋다. 왜 처음 시작할 때 주의를 집중시키고, 중간에 15분마다 폭탄이 있고, 마무리는 감동적으로 해야 하는지 알아보자. 사람이 유머를 쓰거나 웃거나 재미있으면 몸속에 좋은 호르몬인 엔도르핀이 형성되는데, 이보다 몇 배 더 좋은 호르몬이 다이돌핀이다. 다이돌핀은 감동을 받으면 형성된다. 그래서 감동적으로 끝을 맺으면 좋은 잔상효과가 나타나는 것이다.

가급적이면 감동적으로 끝내고, 그렇지 않고 과정을 흥미 있게 끝낼 때는 다음과 같이 한다.

"자! 모두 자리에서 일어나 보십시오. 지금까지 3일 동안 많은 것을 배우셨는데, 모든 것을 실천할 수는 없을 겁니다. 오늘까지 배운 내용을 전부 실천하지 못하더라도 이 중에 한 가지만이라도 현업에 돌아가서 실천하겠다고 생각하시는 분들만 자리에 앉아 보세요." 그러면 대부분이 다 앉는다. "모두 다 실천하실 분들입니다."라고 한 후 다음에는 "옆사람을 보면서 이렇게 이야기하십시오. 나는 한번 한다면 하는 사람입니다." 그런 다음 "마지막으로 다시 옆사람을 보면서 이렇게 이야기하십시오. 한번 한다고 해 놓고 안 하면 사람도 아니다." 그러면 웃음바다가 된다. "제가 볼 때는 여러분 모두 사람이라고 생각됩니다. 사람이니 모두 한 가지 이상은 실천하실 거라고 믿으면서 제 강의는 마치겠습니다."

종결 부분은 주로 요약과 복습, 재동기 부여 및 강조할 부분을 강조하고 마지막 말을 하고 끝내는 것이다. 강의를 시작부터 중간까지 아무리 잘하더라도 마지막 5분을 잘 정리하지 못하면 학습자들에게 강한 인상을 심어 주기 어렵다. 결론을 맺을 때에는 힘있고 강하게, 그리고 깊은 인상을 줄 수 있도록 한다. 그러므로 끝맺음에 대한 멘트를 미리 준비해 두는 것이 필요하다. 실제로 끝맺음을 잘 못하는 사람들의 경우 '끝으로, 마지막으로, 결론적으로'와 같은 말들로 정해진 시간을 넘기면서까지 결론을 내리지 못하는 경우가 많이 있다. 다음은 끝맺음을 잘한 사례다.

경제 특강을 잘하는 강사의 예를 들어 본다. 그는 경제특강을 주제로 강의하면서 마무리에서는 다음과 같은 맺음말로 학습자들에게 반전과 강한 인상을 심어 준다.

"지금까지 우리나라 경제에 대해서 말씀드렸습니다. 개인적으로 재테크를 많이 하는 것도 중요하지만 마지막으로 여러분께 한 가지만 말씀드리고 마칠까 합니다. 인생에서 돈, 명예, 권력을 추구하는 것도 좋지만 이것을 잃으면 모두 다 잃는 것입니다. 무엇이겠습니까? 예, 건강입니다. 앞으로 건강관리 잘하시기 바랍니다. 이상 마치겠습니다."

또 다른 예로 다음과 같이 할 수도 있다.

"지금까지 적극적으로 경청해 주셔서 감사드립니다. 이상 마치겠습니다."

또 강사 자신이 좋아하는 말을 하면서 끝맺는 경우도 있다.

"저는 '오늘' 이란 말을 좋아합니다. 오늘이란 단어에는 어떤 의미가 있을까요? 어제 죽은 사람들이 그토록 바라던 내일이 바로 오늘입니다. 만약 여러분들이 내일 죽는다고 생각하고 오늘을 산다면 옆에 있는 사람이 나쁜 사람 한 사람도 없고, 떨어지는 먼지도 새롭게 보이고, 이슬 한 방울도 아주 영롱하고 찬란하게 보일 겁니다. 오늘이란 이만큼 소중합니다. 하루하루를 충실히 살아가시기 바랍니다. 감사합니다."

어떤 강사는 그림을 보여 주면서 끝을 맺는 경우도 있다.

"우리가 학교 다닐 때 한 번쯤은 네잎 클로버를 찾았을 것입니다. 네잎 클로버의 꽃말이 무엇인지 알고 있습니까? 행운입니다. 그런데 세 잎 클로버의 꽃말은 무엇인지 아십니까? 행복입니다. 대부분의 사람은 행운을 찾고자 하는데, 저는 행운보다 더 소중한 것이 행복이라고 봅니다. 그런데 행복을 옆에 두고서 행운을 좇는 어리석음을 범하는 경우가 많습니다. 지금 여러분 곁에는 행복이 있습니다. 그 행복을 잘 지켜 나가는 것이 더 중요할지도 모릅니다. 모두 다 행복하시기 바랍니다. 감사합니다."

다음과 같이 할 수도 있다.

"이 세상에서 가장 중요한 '금'은 무엇입니까? 현금? 백금? 순금? 아닙니다. 가장 중요한 금은 지금입니다. '언제 할 것인가?' 를 망설이지 말고 지금 당장 시작해 보시기 바랍니다. 강의를 마치겠습니다."

3. 교안작성법

교안이란, 강사가 학습자를 지도하는 교수활동의 기반이 되는 학습지도안으로서 교수활동의 단계 및 내용을 자세히 기록하여 놓은 것이다. 교안을 작성하면 첫째, 교육목표에 맞는 강의가 될 수 있다. 둘째, 강의의 일관성을 유지할 수 있다. 셋째, 시간관리를 잘할 수 있다. 넷째, 자신감을 가질 수 있다. 다섯째, 작성 중 자신도 배울 수 있다. 여섯째, 강의의 개선이 가능하다.

교안작성 시 주의할 점은 첫째, 구체성이다. 교안은 구체적으로 작성되어야 한다. 둘째, 정확성이다. 교안은 명확하게 볼 수 있도록 깨끗해야 한다. 셋째, 실용성이다. 교안은 교수활동에 실질적으로 사용될 수 있도록 작성되어야 한다. 넷째, 평이성이다. 교안은 쉽게 작성되어야 한다. 다섯째, 논리성이다. 교안은 논리적이고 체계적으로 작성되어야 한다.

이러한 교안은 도입, 전개, 종결의 3단계로 구성된다. 도입 단계는 강의의 약 10%를 차지한다.

- 주의집중: 주어진 문제에 대해 주의를 집중시킨다.
- 동기부여: 문제를 해결하고 배워야겠다는 학습동기를 일으킨다.
- 학습개요: 수업의 전개방향을 제시한다.

전개 단계는 강의의 약 80%, 종결 단계는 약 10%를 차지한다.

- 요약: 전개 단계에서 설명된 많은 내용 중 특히 강조할 만한 내용을 간추려서 강조한다.
- 재동기 부여: 학습한 내용이 중요한 것이고 필요한 것이었다는 점을 깨닫게 하여 기억을 돕고 다음 주제와의 연관성을 이해하게 한다.
- 결어: 감사, 참고서적 소개, 개인적 이야기 등을 한다.

교안작성에 대한 평가방법으로는

1. 구체성: 교안이 구체적으로 작성되어 있는가?
2. 명확성: 교안이 명확하게 볼 수 있도록 깨끗하게 작성되어 있는가?
3. 실용성: 교안이 교수활동에 실질적으로 사용될 수 있도록 작성되어 있는가?
4. 평이성: 교안이 쉽게 작성되어 있는가?
5. 논리성: 교안이 논리적이고 체계적으로 작성되어 있는가? 즉, 도입, 전개, 종결의 3단계로 구성되어 있는가?

6. 도입 단계에 대한 평가

　• 주의집중: 주어진 문제에 주의를 집중시키는가?

　• 동기 부여: 문제를 해결하고 배워야겠다는 학습동기를 일으키는가?

　• 학습개요: 수업의 전개방향을 제시해 주는가?

　• 타 과목 또는 과정과의 관련성이 있는가?

7. 전개 단계에 대한 평가: 설명(해설), 시범(중요한 내용을 강조), 실습(시행), 감독(관찰), 평가(효과적인가의 여부)를 반복적으로 행하고 있는가?

8. 종결 단계에 대한 평가

　• 요약: 전개 단계에서 설명된 많은 내용 중 특히 강조할 만한 내용을 간추려 강조하고 있는가?

　• 재동기 부여: 학습한 내용이 과연 중요한 것이고 필요한 것이었다는 점을 깨닫게 하여 기억을 돕고 다음 과목과의 연관성을 이해시키고 있는가?

　• 결어: 감사, 참고서적 소개, 개인적 이야기 등이 있는가?

9. 교육목표를 달성하는 수단(내용의 구성이나 교수방법)을 썼는가?

10. 도입은 교육생의 관심과 흥미를 끌 만한가?

11. 전개에서 무엇을 특히 문제로 삼고 어떻게 의견을 끌어내고 파고드는지 등이 명확히 되어 있는가?

12. 학습자의 의견을 끌어내고 파고들기 위한 질문은 간결하게 표현되어 있는가?

13. 또 그러한 기법은 적절한가?

14. 정리는 도달목표를 나타내는 것인가?

교안의 종류는 다음과 같다.

백지식 교안 문제해법식에 적합하다.

교육내용(교수활동)	보조자료 사용계획(유의점)

- 문제와 조건을 구비해 주고 질문과 답변을 학습자 자신이 하게 하고 강사는 질문에 응하기만 하면 된다.
- 구체적인 문제 진술과 사실 제기의 방법이 고도화되어야 하며 학습자의 자질이 상당한 수준에 도달해야 가능하다.
- 사고내용, 조직력이 활발해지고 참여의식과 창의성이 개발된다.

이난식 교안 강의식 교안에 적합하다.

학습성과	교육내용(교수활동)	보조자료 사용계획(유의점)

- 학습 정도가 이해를 목적으로 하고 짧은 시간에 많은 내용을 전달하는 경우에 적합하다.
- 기능, 태도, 감상 등을 내용으로 하는 주제에는 적합하지 않다.

삼난식 교안 유도식 교안에 적합하다.

교육내용(강사의 활동, 강의내용)	

- 예상 결론이 있고 문제의 해결을 학습자가 하고 질문은 강사가 하는 방법으로 학습을 진행할 때 적합하다.
- 각 질문에 대해 예상되는 답변을 사전에 예측하고 질문은 학습효과를 거두기 위한 방향으로 유도하여야 한다. 따라서 철저한 학습준비가 필요하다.
- 노력에 따른 성과가 작을 수 있으므로 경험 있는 강사가 주도하여야 한다.

사난식 교안   시범실습식에 적합하다.

항목	시간	교육내용(교수활동)	보조자료 사용계획

전개 단계에서는 반드시 설명(해설), 시범(중요한 내용을 강조), 실습(실행), 감독(관찰), 평가(효과적인가)의 여부를 반복적으로 행해야 한다.

다난식 교안   강의를 처음 하는 초보 강사에게 적합하다.

수업사태	주제	시간	방법	교육내용(교수활동)	학습자의 활동	비고

〈표 3-11〉 평생학습자를 위한 교육과정개발 강의계획서의 예

교과목명	평생학습자를 위한 교육과정개발		담당교수명		윤옥한
			E-mail		okyoon@onlinehrd.co.kr
이수구분	전공필수	2학점	전화	직 장	02-929-5053
				집	02-915-9252
				휴대전화	011-630-9757
수업목표	• 교육 분야의 패러다임 변화를 설명할 수 있다. • 교육과정개발의 기초가 되는 주요개념들을 설명할 수 있다. • 평생학습자를 위한 교육과정개발 방법 모형들을 설명할 수 있다. • 교육과정개발 분야와 관련된 교수학습 이론을 최소한 세 가지 이상 말할 수 있다. • 학교나 기업현장에서 교육과정개발 절차와 방법에 따라 교육과정을 실제로 설계할 수 있다.				
수업방법	강의, 실제 적용에 대한 리포트 제출(실습)				
평가방법	교육 참여(20%), 과제 제출(30%), 시험(50%)				
교 재 명	1. 윤옥한(2004). 명강의 교수법. 학지사.				

참고도서	저자	책명	출판사	출판 연도
	2. 나일주 외	기업교육론	학지사	2003
	3. 이화여대	교육방법 및 교육공학	교육과학사	2002
	4. Dick & Carey	The Systematic Design of Instruction(5th ed.)	Addison-Wesley Educational Publishers	2001
	5. 정재창 외	핵심역량도출	PSI컨설팅	2000
	6. 양영선	체제적 수업설계	교육과학사	1998

과제	1. 교수체제 설계 모형(ISD)에 따른 교육과정개발 실제 2. DACUM 방법에 따른 교육내용 설정 실제 3. CBC에 따른 교육체계 수립 실제
본 교과내용에 관련된 다양한 이론적 관점	DACUM(developing a curriculum), CBC(competency based curriculum), System Theory, Communication Theory, 학습이론, 교수이론 등
본 교과내용에 관련된 최신 연구동향	교수설계 이론과 관련된 이론 중 하나는 Competency Based Curriculum이 있으며, 교수설계 중 동기요소를 고려한 교수설계의 경우 Keller의 ARCS 모델이 있다.
본 교과내용과 교육현장과의 관련성	이론적인 기초를 바탕으로 실제로 학교나 기업의 교육현장에서 활용할 수 있는 교육과정 설계방법과 수업설계 모형, 교육방법의 습득을 통해 현업에서 적용해 볼 수 있는 다양한 방법들로 구성
기타	이론적인 내용뿐만 아니라 실제 현업적용성을 위주로 과정 편성

〈표 3-12〉 15주차 강의계획서의 예

주	강의주제	참고문헌
1	orientation: 교재, 평가방법, 교육내용 전체 개관	1,2,3,4,5,6
2	교육 분야의 패러다임 변화: 교육, 훈련, 개발, 학습, 평생학습	1
3	교육과정개발과 관련된 기초이론: 행동주의, 인지주의, 구성주의	3
4	교수체제개발의 대표적 모형: ADDIE, Kemp, Dick & Carey	3, 4
5	교수체제개발의 대표적 모형: Network Based ISD, ASSURE	3, 4
6	교육과정개발 방법 중 분석 단계에서 필요한 연구방법 이해 1. 진단도구가 가져야 할 세 가지 조건(신뢰도, 타당도, 표준화 및 규준)	1, 5
7	교육과정개발 방법 중 분석 단계에서 필요한 연구방법 이해 2. 설문지 개발 절차	1, 5
8	교육과정개발 방법 중 분석 단계에서 필요한 연구방법 이해 3. 교육필요점 조사방법: CHNA법	1, 5
9	CBC(competency based curriculum) 방법 이해	1, 5
10	CBC(competency based curriculum) 방법 실습	1, 5
11	DACUM(developing a curriculum) 방법 이해	2
12	DACUM(developing a curriculum) 방법 실습	2
13	ISD(instructional system design) 모델에 의한 교육과정개발 실제 분석, 설계, 개발, 실행, 평가 각각의 단계 설명	1, 4, 6
14	ISD(instructional system design) 모델에 의한 교육과정개발 실제 분석, 설계, 개발, 실행, 평가 각각의 단계별 실제 실습	1, 4, 6
15	과정 전체 요약정리 및 종합평가	1,2,3,4,5,6

4. 강의 교안

강의 교안과 관련된 실제 예는 다음과 같다.

① 강의 교안의 예

1. 강의주제
교육과정개발과 관련된 주요개념과 교육패러다임의 변화

2. 교육목표
1) 교육의 정의를 말할 수 있다.
2) 교육과 관련된 유사개념인 훈련, 개발, 학습의 차이점을 설명할 수 있다.
3) 평생학습의 필요성을 설명할 수 있다.
4) 교육패러다임 변화에 대해 설명할 수 있다.

3. 교수학습 유형: Cognitive Domain + 강의식 기법

4. 참고도서: 윤옥한(2003). 자신 있게 만나라. 새로운 사람들.

5. 강의시간: 30분

6. 교안: 세부 내용은 첨부 참고

〈표 3-13〉 교수학습 유형

시간	수업사태	주요전략	교수학습 활동	매체
3분	주의집중	학습자들이 학습에 참여할 수 있는 강한 동기를 유발함	과정 시작 전 첫 수업이므로 학습자에게 문제 하나 제시	• 좋아하는 도형 선택 • 원 그리기
1분	목표제시	교육목표를 명확히 제시함으로써 학습동기를 유발함	교육목표 제시 및 설명	파워포인트
1분	선수학습 회상	교육과 관련된 주요개념을 회상하게 함	교육, 훈련, 학습, 개발의 의미에 대해 기존에 배운 것 환기	설문
3분	정보제시	교육의 정의를 이해하게 함	설의응답을 통하여 교육의 정의를 명확히 설명	파워포인트
3분	정보제시	교육과정(curriculum)이 교육의 전체 과정에서 숙하는 위치를 인식하게 함으로써 관련성을 제시함	교육의 과정(process) 설명	파워포인트
11분	정보제시	교육, 훈련, 개발, 학습의 차이를 명확히 구분하게 함	• 훈련, 교육, 개발의 차이 • 학습의 정의 및 학습의 개념 변화 • 평생학습의 필요성 등에 대한 설명	파워포인트
5분	정보제시	교육 패러다임의 변화를 읽고 교육과정 개발 시 중요시해야 할 점을 인식하게 함	• 훈련에서 학습으로 교육패러다임의 변화 설명 • 학습개념, 주제, 대상, 형태, 내용 매체의 패러다임 전환 설명	파워포인트
1분	수행유발	패러다임 전환의 필요성을 통해 수행행동을 유발하게 함	패러다임 전환의 필요성을 동영상을 통해 제시 및 설명	동영상
1분	요약	교육내용 정리 및 요약 설명	핵심내용 요약 설명	설명
1분	파지전이	교육과 관련된 유사 개념들을 정리하여 실제 교육과정개발과 관련하여 적용할 수 있는 기회 부여	교육관련 개념들의 정의를 명확히 함으로써 실제 과정을 개발하는 데 적용할 수 있는 기회를 설명	설명

② 학습동기유발 전략

학습동기는 ARCS 이론을 바탕으로 학습자가 학습 여부를 결정하는 참여동기, 학습을 지속적으로 수행하는 지속동기, 학습 후 유사한 과정을 자발적으로 학습하는 계속동기로 보고, 동기를 극대화하는 요소인 주의집중, 관련성, 자신감, 만족감으로 구분하여 전략을 수립하여 실제 수업활동을 할 때 적용한다.

⟨표 3-14⟩ 학습동기유발 전략

전략	참여동기	지속동기	계속동기
주의집중 (attention)	학습에 참여할 수 있도록 강의에 대한 이해와 호기심을 유발한다.	강의법으로 진행되지만 강의법의 약점을 보완하는 방법으로 질의응답과 동영상을 보여 준다.	교육과정을 실제로 개발할 때 어떻게 할지에 대한 팁을 제공한다.
관련성 (relevance)	설명을 하기 전에 학습자에게 질문을 한다.	• 학습 중간에 수시로 질문한다. • 지금 배우는 부분이 왜 중요한지 설명한다.	앞으로 교육패러다임을 어떻게 현실과 접목할 것인지에 대해서 팁을 제공한다.
자신감 (confidence)	학습목표를 자세히 설명한다.	• 설명을 쉽게 한다. • 학습자의 관심과 수준에 적절한 과제로 도전감을 가질 수 있게 한다.	학습한 내용을 바로 활용할 수 있게 한다.
만족감 (satisfaction)	학습자가 쉽게 이해할 수 있도록 교안을 준비하여 제시한다.	학습이 끝난 후 다른 상황에서도 배운 내용을 적용해 볼 수 있게 한다.	• 학습자의 요구사항을 듣고 즉각적인 피드백을 한다. • 추후 궁금한 사항 등에 대해 문의할 수 있게 한다.

교육방법의 종류 및 특성

1. 교육방법

교육방법은 교육목적과 함께 교육의 전반적인 영역 중의 하나라고 볼 수 있다. 좁은 의미로는 교육내용을 제시하는 형태(presentation forms), 즉 교수형태, 교수방법, 수업방법, 교수전략 등 교육목표를 성공적으로 달성하기 위하여 선정된 교육내용을 학습자들에게 효과적으로 전달하기 위한 수단으로 볼 수 있다. 한마디로 교사 또는 교수자가 학습자에게 학습과제를 가르치는 방법이라고 할 수 있다. 여기서 교육방법은 교사나 교수자가 교육내용을 효과적으로 전달하기 위한 과정뿐만 아니라 효과적인 교육내용이나 자료개발의 의미도 포함한다. 그러나 이러한 교육방법을 기업교육 측면에서 살

퍼보면 교육방법의 의미보다는 좁은 의미의 교육기법, 즉 교육목적을 달성하기 위해 강사나 교육실무자가 수행하는 행동 및 절차에만 초점을 두는 경향이 있다. 최근에는 교육방법이든 교육기법이든 간에 단순히 교육기법으로 볼 수 없는 학습방법 또는 학습기법들이 교육방법에 포함되고 있는 실정이다.

전통적인 교육기법 중 기업교육에서 많이 다루고 있는 교육방법은 크게 직장 내 교육이라 할 수 있는 OJT(On-the Job Training), 집합교육인 Off-JT(Off-the Job Training), 그리고 자기개발(Self Development: SD)로 구분할 수 있다. OJT는 업무현장에서 직무수행능력을 육성하기 위해 주로 직장의 직속상사가 실시하는 교육훈련이다. 이러한 OJT는 직무순환(job rotation), 코칭(coaching), 멘토링(mentoring)과 같은 방법이 있다. Off-JT에는 강의법, 사례연구법, 역할연기법, 토론법 등이 있으며, 자기개발 방법으로는 독서통신, 사이버교육, 학원등록 등이 있다. 교육방법이 타율적인 training의 개념에서 자율적 자발적인 learning의 개념으로 전환되면서 OJT와 Off-JT도 훈련의 개념에서 학습의 개념으로 생각을 전환해 볼 필요가 있다. 즉, OJT뿐만 아니라 OJL, 그리고 Off-JT뿐만 아니라 Off-JL로서의 교육방법을 생각해 볼 수 있다.

개인은 다 다르다. 인지 스타일에도 우뇌 스타일과 좌뇌 스타일이 있는가 하면 공부하는 데에도 아침형과 저녁형이 있다. 그러므로 교육목적과 내용, 학습자에 따라 교육방법이 다양화되어야 한다. 여기에서는 주로 Off-JT 교육방법으로 많이 활용하고 있는 것을 중심으로 살펴보고자 한다.

2. 교육방법의 종류

교육방법의 종류는 다양하다. 즉, 교수학습에 대한 기본적인 철학이 어떤 것인가, 교수학습 과정에서 누가 주도적인 역할을 하는가, 달성하고자 하는 학습성과의 수준이 어떤 것인가, 학습집단의 크기는 어느 정도인가 등에 따라 다양하게 구분된다. 대표적인 분류로 Waldron과 Moore의 분류, Cranton과 Weston의 분류, Reay의 분류 등이 있다. 여기에서는 모든 교육방법을 다 나열하기보다는 기업교육 또는 학교현장에서 자주 사용되는 기법들을 중심으로 설명하고자 한다.

① 강의법

강의법은 보편적으로 사용하고 있는 교육방법으로 가장 오랜 역사를 가지고 있다. 강의법은 교수자가 학습자에게 학습내용을 직접 언어로 전달하는 형태다. 이러한 강의법은 토의법이나 체험학습법, 참여식 학습법, 문제중심학습 등 새로운 교육방법이 도입된 후에도 중요시되고 있는 방법이다.

강의법의 장점과 단점을 살펴보면 다음과 같다. 강의법의 장점은 첫째, 일정기간에 다수의 학습자에게 교육이 가능하다. 둘째, 많은 정보를 많은 학습자에게 단기간에 제시할 수 있다. 셋째, 교육내용에 대한 개발 및 조정이 비교적 쉽다. 넷째, 추상적인 개념이나 논리적인 이야기를 전개해 나가는 데 도움이 된다. 반면에 단점은 첫째, 학습자들의 참여도가 낮을 수 있다. 즉, 강사 혼자 일방적인 주입식으로 진행될 수 있다. 둘째, 기계적·획일적일 수 있다. 많은 양의 정보를 많은 사람들에게 제시할 수 있긴 하지만 개개인의 관심이나 흥미에 초점을 맞추지 않고 획일적이고 기계적으로 정보를 제시하는 경우가 있다. 셋째, 학습자들이 학습과정 중에 얼마나 이해를 하고 있는지에 대한 파악이 어렵다. 넷째, 학습자들의 행동이나 태도에 대한 변화가 쉽지 않다.

이와 같은 단점이 있기 때문에 강의법으로 교육을 진행할 경우 고려해야 할 몇 가지 요소가 있다. 첫째, 강의를 시작할 때 바로 본론으로 들어가지 말고 항상 강의를 위한 다지기 작업인 Ice Breaking을 하는 것이 좋다. 둘째, 강의를 할 때 아주 지루하고 단조로울 수 있기 때문에 다양한 기법들을 많이 활용해야 한다. 강의 중간에 역할연기를 한다든지, 질의응답을 한다든지, 학습자들을 참여시킨다든지 하여 강의법의 단점을 보완하는 것이 필요하다. 셋째, 시선, 표정, 자세, 억양 등 진행요령을 잘 터득하여 강의해야 한다. 넷째, 강사가 자신감이 지나쳐 자기도취에 빠져 강의하는 경우 학습자들의 거부감을 불러올 수 있다. 다섯째, 지나치게 자료에 의존하지 않는다. 즉, 교안에 있는 내용을 그대로 처음부터 끝까지 읽는다든지, 책의 내용을 그대로 읽는다든지 하는 것은 피해야 한다. 여섯째, 탈선의 방지다. 강의 중간에 강의내용과 관련이 없는 부분에 너무 많은 시간을 할애해서는 안 된다. 특히 사내에서 강의하는 경우 강사의 자기소개하는 시간이 본강의보다 긴 경우가 종종 있는데, 이것은 지양해야 한다. 일곱째, 강의를 할 때 너무 고자세나 저자세를 취하는 것은 바람직하지 않다. 너무 고자세, 즉 자기자랑만 한다든지, 필요 이상으로 자기의 지식이나 사고방식을 돋보이게 하면 학습자들의 반감을 불러올 수 있다. 반면에 너무 저자세를 취하는 것도 바람직하지 않다. 즉, '아무것도 모르는 제가, 너무도 부족한 제가 여러분들 앞에서 강의를 하는 것은 사실 말도 안 되는 일인데, 회사에서 하라고 해서 어쩔 수 없이 하게 되었다.' 등과 같은 말을 하면서 굽신거리는 것도 좋지 않은 자세다.

② 사례연구법

사례연구법(case method)은 일정한 사례를 중심으로 토론을 하고 토론한 결과에 대하여 피드백하는 과정에서 문제해결능력을 길러 주는 교육방법이다. 사례연구법을 진행하기 위해서는 첫째, 사례가 작성되어 있어야 한다. 사례는 쉽게 해결 가능한 문제가 아닌, 깊이 생각하고 사례를 통하여 무엇인가 교훈을 얻을 수 있는 것이어야 한다. 따라서 사례연구법에서 가장 중요한 부분은 좋은 사례의 발굴이다. 여기서 좋은 사례란, 해결하고자 하는 문제와 직접적인 관련이 있어야 하며, 그 사례가 일관성이 있어야 하며, 쉽게 해결되지 않고 많은 고민을 통하여 해결될 수 있어야 하며, 그 사례를 통하여 문제해결능력을 길러 주는 것이 좋은 사례다. 둘째, 사례연구법을 통하여 진행할 경우 집단 구성을 다양하게 하는 것이 바람직하다. 예를 들면, 대리는 대리급으로 과장은 과장급으로 구성하는 것이 아니라 사원, 대리,

과장, 차장, 부장, 임원 등을 한 팀으로 구성하여 운영하는 것이 효과적이다. 사례연구법을 좀 더 자세하게 case study와 case method로 구분하기도 한다. 이들의 유사점과 차이점은 〈표 4-1〉과 같다.

〈표 4-1〉 case study와 case method의 비교

case study	case method
어떤 현상을 비교적 간단한 문제, 즉 사례의 형식으로 제시하고 그룹에 의한 토론을 주로 하여 문제의 본질을 규명해 내는 방식이다.	
문제 설정에 대한 기술 5페이지 정도	문제 설정에 대한 기술 15페이지 전후
리더나 참가자가 제3자의 입장에서 제기된 문제를 객관적으로 보는 가운데 그 본질을 생각한다.	참가자가 문제 속에 있는 당사자로서 스스로 대책을 생각한다.
사례 설정이 쉽다.	사례 설정이 어렵다.
예) '만수가 잘못한 일을 길동이가 선생님에게 고자질하였다. 이럴 때 수만이라면 어떻게 하겠는가?'와 같은 아주 간단한 문제를 사례로 만들어서 제시하고 토론을 하여 문제에 대한 답을 유도해 낸다.	예) 좀 더 복잡한 예를 제시하고 내가 그 상황에 처해 있다고 생각하여 문제를 해결해 나간다.

사례작성 시 유의할 점
- 의논할 여지가 많을 것
- 급히 해결해야 할 문제
- 교내 또는 사내에서 일어날 가능성이 있는 내용
- 통일성이 있어야 하며 앞뒤가 맞는 내용

표현방식의 문제
- 사례 작성자는 객관적이어야 한다.
- 문제의 표현은 분명한 형식을 취하지 말고 점차적으로 파악할 수 있도록 연구해서 써야 한다.
- 실제의 고유명사는 숨기는 것이 바람직하다.

⇨ Case study의 예

전자 부품회사에 근무하는 김 계장은 바로 위 상급자인 이 과장과 부딪치는 경우가 많다. 김 계장의 나이는 이 과장보다 두 살 많지만 입사일이 늦어서 상급자로 모시게 된 것이다. 또한 김 계장은 부서장과는 의사소통이나 인간관계가 잘되고 있지만 이 과장과는 좋지 않은 편이다. 한번은 김 계장이 업무 처리를 해 나가는 과정에서 이 과장에게 보고하지 않고 직접 부서장인 차 부장과 단독으로 일처리를 한 적이 있었다. 또한 차 부장은 김 계장에게 직접 업무를 지시하는 일이 많아졌다. 이런 관계로 김 계장과 이 과장은 더욱 사이가 좋지 않게 되었다. 이런 와중에 신입사원이 입사하게 되었고 신입사원은 김 계장과 이 과장, 그리고 차 부장 모두 본인의 마음에 들지 않는다고 다른 부서로 전보 발령을 요청한 상태다. 이 과장도 다른 부서로 전보 발령을 요청한 상태이며 차 부장은 두 사람이 다른 부서로 옮길 경우 부서 운영상 문제가 있기 때문에 보류하고 있는 실정이다.

Case study의 사례분석

1. 문제는 무엇인가?
2. 그 원인은?
3. 원인이라고 생각되는 것은?
4. 해결을 위한 대책은?

사례연구법 중 소사례연구법이 있다. 예를 들면 다음과 같이 소사례를 제시한 후 토의를 한다.

→ 소사례연구법의 예

A 회사에서 정기 인사이동이 있었다. 오 주임도 입사 후 3년간 근무했던 부서에서 판매부서로 자리를 옮겼다. 인사이동 후 첫 업무가 스크랩을 정리하는 일이었다. "자, 이런 일이라도 하고 있으면 형편을 알게 될 거야. 일은 그 뒤부터야."라고 선배 사원이 말해 주어 다소 실망했던 오 주임도 곧 마음을 고쳐먹었다.

그러나 2주일이 지나도록 부서의 일이 어떻게 돌아가는지 도무지 짐작이 가지 않았다. 그의 마음에 약간 불안이 스며들기 시작할 무렵, 간신히 담당업무가 정해졌다. 도매점의 신용조사였다. "선임자인 이 대리는 그 방면의 베테랑이니까, 지도를 잘 받도록…." 팀장이 말해 주었다. 오 주임은 '자, 이제부터다.' 라고 마음속 깊이 다짐했다.

다음 날 이 대리는 오 주임에게 간단히 일하는 방법을 설명하더니, "요컨대 이 일은 경험과 센스가 중요해. 내가 하는 방법을 보고 있으면 차츰 알게 될 거야. 자, 먼저 이 데이터로 조사자료를 만들어 주지. 잘 모르는 것은 저 파일을 참조하면 지금까지의 조사자료가 저장되어 있으니까 대충 알게 될 거야."라고만 하고 바쁘게 다른 일을 하기 시작했다. 오 주임은 당황했으나, 곧 정신을 차려 두꺼운 파일을 꺼내 놓고 이것저것 자료를 검토하기 시작했다.

그날 오후 오랜 시간이 걸려 간신히 만든 조사자료를 불안스럽게 가져 갔다. 이를 검토해 본 이 대리는 "이건 안 되겠어. 자네가 팀장이라면 이 조사자료로 충분히 판단할 수 있겠나? 좀 더 요점과 문제점을 분명히 해요."라고 말도 못 붙이게 했다. 다음 날도 두 번이나 고쳐 썼으나 '안 돼'의 연속이었다. 약간의 울화가 치민 오 주임은 "어디가 잘못되었는지 지적해 주십시오."라고 말했다. 그러자 이 대리는 "조사방법에는 공식이 없어. 자신이 생각하여 판단할 수 없으면 조사자의 자격이 없어요. 무슨 일이든 경험이 첫째야." 하고 잘라 말했다.

　말 한 마디 못하고 자리로 돌아온 오 주임은 가만히 생각에 잠겼다. '전 부서에 처음 배속되었을 때는 신입사원이라는 점 때문이었는지 업무의 개요나 사무의 흐름 등을 자세히 가르쳐 주고, 담당 업무에 대해서도 신경을 써 주었는데, 같은 회사라도 부서에 따라 굉장히 다르군. 하긴 판매부 신용조사 팀처럼 우수한 인재가 모여 각 팀원들이 프로기질을 가지고 독립적 방법으로 일하는 곳에서는 이게 당연할지도 몰라. 집으로 돌아갈 때 경영진단 참고서라도 사가지고 가서 공부해야겠어. 그렇긴 해도 모두들 어쩌면 이렇게 냉담한 사람들뿐일까?'

　위와 같은 소사례를 제시한 후 다음의 질문과 토의를 통해 문제해결 능력을 키워 준다. 산업교육 현장에서 가장 많이 하는 방식이 바로 이 소사례연구법이다.

질문: 오 주임의 업무태도는?	주는 교훈?
• 소극적	• 자기 역할을 스스로 확립하라.
• 의존적	• 역할의 기대수준을 파악하라.
• 책임감이 없음	• 자립적인 자세로 일하라.
• 솔선수범하지 않음	• 남 탓하지 말고 분별하고 자기개발하라.
	• 솔선수범하라.

　다음으로 많이 사용하는 사례법이 조사분석 사례법이다. 이는 어떤 사실에 대하여 조사한 후 그 조사한 예를 가지고 토의해 가면서 문제해결능력을 키워 주는 방식이다. 예를 들면, 당신은 어떤 상사를 가장 좋아하는가? 당신은 어떤 상사를 가장 싫어하는가? 등을 조사한 후 조사한 결과를 예시로 보여 주면서 당신이 생각하는 것 또

는 당신 팀이 생각하는 것과 비교해서 설명해 나가는 방식이 조사분석 사례법이다.

일반적으로 사례를 통하여 동영상을 제작하거나 또는 사례 시나리오를 작성할 때의 세부 내용구조는 〈표 4-2〉와 같다.

〈표 4-2〉 사례 구성 방법

구성	세부내용
개시문	사례의 첫 시작 단락으로 직접적으로 사례에서 다룰 주제가 무엇인지 제시하고 읽는 독자로 하여금 토론할 문제가 무엇인지 인지할 수 있도록 한다.
회사소개	회사의 일반적인 개요를 기술한다. 즉, 영업성과, 운영상황, 조직체계 등을 간략히 기술한다.
소재배경	사례에서 토론할 소재의 배경설명과 중요성을 묘사한다.
사건묘사	소재와 관련된 구체적 사건의 발단 초기부터 해결방안을 모색하는 시점까지 상세하게 묘사하는데, 이때 사건과 관련된 주요인물을 등장시켜 그들의 대화내용이나 주장하는 바를 대비하며 생동감 있는 시나리오를 작성한다.
대안제시	사건 묘사 후 해결책으로 여러 대안을 제시하며 아울러 회사의 미래경영 방안이나 비전을 제시한다.
맺음말	의사결정의 dead line이나 긴박성 등을 묘사하여 의사결정의 시급성과 중요성을 재강조한다.

사례 작성 시 표현방법은 다음과 같이 한다.

- 사례 작성자는 객관적이어야 한다.
- 문제의 표현은 분명한 형식을 취하지 말고 점차적으로 파악할 수 있도록 한다.
- 실제의 고유명사는 피한다.

- 사례 이해의 기회를 제공한다.
- 사례의 문제파악 기회를 제공한다.
- 과거형 동사를 사용하고 수동태보다는 능동태를 사용한다.
- 사례에 사용되는 숫자들이 정확한지 혹은 위장되어 있는지 검토한다.
- 의사결정 상황이 명확한지 확인한다.
- 선입견이나 주관을 배제한다.
- 단조로운 문체나 감정적 문체를 피하며 수식어도 가급적 삼가고 사실적 정보만 다룬다.
- 사례를 시간적 순서로 기술한다.
- 때론 사례 시작부터 끝부분에 피교육자로 하여금 기본적으로 분석해야 할 소재나 문제방향을 기술한다.
- 자료의 출처를 명확히 밝힌다.

③ 사건처리법

사건처리법(incident process method)은 일련의 사건을 제시한 후 그 사건에 대한 처리를 어떻게 해야 하는가를 통하여 문제해결능력을 길러 주는 교육방법이다. 이 방법은 1950년대 MIT 공과대학의 피고스가 사람이 개발한 훈련기법으로서 사례연구법의 단점을 보완하기 위해 개발된 방법이다.

사건처리법의 진행방법은 다음과 같다. 첫째, 일련의 사건을 모든 학습자들이 읽는다. 사건의 모든 내용이 기술되어 있는 것은 아니다. 읽으면서 궁금한 사항이나 의문나는 사항은 진행자에게 질문한다. 둘째, 사건을 읽고 난 후 어떤 특정인의 입장에서 문제를 해결하려고 할 때 본인이라면 어떻게 해결할 것인가에 대해 생각해 본다. 셋째, 문제를 해결하기 위한 기초적인 사실과 관련된 자료를 수집한다. 즉, 일련의 사건에서 제시되었던 부분과 제시되지 않았던 부분에 대해서 문제해결에 필요한 사실들을 수집한다. 이때 사실을 수집하기 위해 진행자에게 궁금한 사항을 질문해도 된다. 넷째, 수집된 사실을 바탕으로 해결해야 할 문제를 결정한다. 즉, 특정인의 입장에서 해결해야 할 문제가 무엇인지에 대해 팀 토의를 통해서 해결해 나간다. 다섯째, 해결해야 할 문제가 결정되면 왜 그렇게 해결해야 되는지 의사결정 이유에 대해 함께 논의한다. 여섯째, 팀에서 나온 내용을 발표하고 피드백 기회를 갖는다.

사건처리법의 사례를 제시하면 다음과 같다.

➔ 사건처리법의 예

○○○○년 ○월 ○일 아침 9시 ○○분경 인사부 이 과장과 연수부 김 과장, 총무부 서 과장이 회의실 앞에서 논쟁을 벌이고 있었다.

인사부 이 과장: 김 과장, 말을 함부로 하면 곤란한데! 아무리 연수가 중요하다고 하더라도 업무가 산더미처럼 밀려 있는데, 교육을 자꾸 보내라고 하면 어떡하란 말이야! 나도 보내고 싶지만 지금은 안 되니 다음 기회로 좀 미루어 줘.

연수부 김 과장: 이 과장, 지난번에도 김 계장 교육 들어올 때 똑같은 이야기했으면서 결국 교육을 받지 않았잖아. 지금 나하고 농담하자는 거

야? 교육이 듣고 싶으면 듣고 듣고 싶지 않으면 안 들어도 되는 거냔 말이야! 이러니까 우리 회사 교육이 엉망이지. 아니 인사부 직원부터 협조가 되지 않잖아!

총무부 서 과장: 김 과장, 그러니까 김 과장도 연수부에 있지 말고 다른 부서로 옮겨! 그러면 편하잖아. 괜히 듣고 싶지 않다는 교육 억지로 잡아다가 시킬 필요 뭐가 있어? 안 그래? 남들은 교육받고 싶어도 못 받는데.

세 사람의 언성이 높아지고 있는데, 고 부장이 그 앞을 지나가고 있었다. 고 부장은 심상치 않은 분위기를 탐지하고 일단 세 명 모두 업무에 복귀하게 하였으나, 이 과장이 인사과장이 된 이후부터 인사과의 분위기가 이상하다고 느끼고 있었다.

토의 구성원에게 주는 과제
당신이 고 부장이라면 이 문제에 어떻게 대처할 것인가?

④ 서류함 기법

서류함 기법(in basket method)은 가상의 상황을 설정하여 그 상황에서 해결해야 할 부분들에 대하여 그룹토의를 통하여 문제해결 능력을 키워 주는 교육방법이다. 한 달간 미국 출장을 갔다고 가정할 경우에 그 출장기간 중에 내 서류함에는 여러 가지 해결해야 할 문제들이 쌓여 있을 것이다. 예를 들면 고객의 요청사항, 여러 곳에서 걸려온 전화, 결재서류 등과 같은 것이 남아 있을 것이다. 이러한 가정을 한 후 출장에서 돌아왔을 때 내 서류함에 쌓여 있는 가상의 문제들을 어떻게 해결할 것인가에 대하여 그룹토의를 통하여 문제해결능력을 키워 나가는 방법이 서류함 기법이다.

서류함 기법을 진행하는 요령은 다음과 같다. 첫째, 학습자들에게 보고서나 메모, 지시사항 등 해결해야 할 내용이 들어 있는 봉투를 배부한다. 이 봉투 안에는 실제로 해결해야 할 문제들이 많이 제시되어 있다. 둘째, 팀 내에서 이러한 문제를 어떻게 해결해 나갈 것인가를 토론한다. 셋째, 팀에서 토론한 내용을 발표한 후 서로 비슷하게 해결했던 팀을 다시 모은다. 그런 다음 다시 비슷하게 해결하고자 했던 팀별로 같은 문제를 다시 해결해 본다. 넷째, 팀에서 나온 내용을 발표한다. 다섯째, 전체적인 토의와 평가를 한다. 즉, 각 팀의 리더가 차례로 자기 팀의 의견을 발표하고 이에 대해서 전체 학습자들이 토의한다.

⑤ 역할연기법

1923년 J. L. Moreno가 'Psycho Drama' 라고 하여 정서적인 문제를 행동화시켜 그 원인을 분석하는 치료법을 개발하였는데, 그것이 후에 역할연기법(role playing method), 즉 일정한 역할을 연기하게 하는 방식의 교육훈련 기법으로 발전하였다. 이 기법의 가장 큰 목적은 참가자들의 태도 변용이지만 일반적으로는 다음과 같은 효과를 인정받고 있다. 첫째, 상대방의 입장을 이해하게 된다. 둘째, 상대방 행동의 배경을 이해하게 된다. 즉, 상대방의 역할까지 포함한 전체의 상황 속에서 자신의 역할을 진짜로 이해하고 행동하도록

하는 것이다. 예를 들면, 피처와 캐처, 외야수와 내야수의 입장을 바꾸어 이해할 수 있다. 셋째, 자신의 태도 변용이 가능하다. 상대방의 입장이나 역할을 알게 됨으로써 자신이 맡은 역할에 어울리도록 행동할 수 있게 되며, 따라서 자기에게 기대하고 있는 일을 충실하게 다할 수 있다. 넷째, 자발성과 창조성을 발휘할 수 있다.

역할연기법은 강의법의 단점을 보완하기 위해 강의 중에 간단하게 잠깐씩 할 수 있다.

⑥ 게임

게임법(game method)은 게임의 여러 가지 속성을 활용하여 학습자들이 학습내용과 관련된 규칙범위 내에서 경쟁적인 요소를 가미하여 학습목적이 달성되도록 하는 학습방법이다. 일반적으로 게임에는 일정한 규칙이 있으며 흥미가 가미된다. 학습의 장에서도 이러한 게임의 장점을 활용하여 학습목적을 달성하기 위해 진행하는 교수기법이다. 게임을 통하여 학습목적을 달성하기 위해서는 우선 게임 자체가 학습목표와 연관되는 부분을 가지고 있어야 하며, 게임의 규칙이 있어야 하고, 게임이 실행되는 동안에 교수자는 지속적인 관심을 가지고 학습자 전원이 게임에 참여할 수 있도록 유도한다. 게임이 끝나면 반드시 피드백 과정을 거치는 것이 바람직하다. 게임 중 한 가지를 예로 들어 본다.

→ '바다에서의 조난' 게임

이 게임의 목적은 집단활동으로 합의(consensus)와 탐구행동의 효과를 체득하며 집단의사결정의 결과와 관련하여 시너지의 의미를 이해하는 것이다. 진행방법은 10명 내외로 편성된 각 팀이 하나의 조직으로 활동하며 진행요원은 목적, 개념, 진행요령에 대해 간략히 설명한다. 먼저 개인 의사결정을 한 후 팀별 토론을 통한 집단의사결정을 한다. 각 팀 1명의 관찰자는 의사결정에 참여하지 않고 팀의 집단의사결정 과정 체크리스트를 참고로 관찰한다. 팀별 의사결정사항을 정리, 발표하고 피드백을 실시한다.

진행요령
- 개인적으로 의사결정을 한다. 타인과 협의 없이 혼자서 문제를 해결하고 결정된 사항을 의사결정표에 기입한다.
- 집단의사결정을 하는 단계로 팀 리더는 팀원 개개인의 결정사항을 집계한 후 각 항목에 따라 토론을 거쳐 집단의사를 결정한다.
- 검토 단계로 발표 및 강평을 한다. 그룹집계표를 참고로 각 팀별 리더 및 관찰자는 2분 동안 발표한다.

유의사항

- 개인별 의사결정사항은 당신 자신의 결정이므로 충분히 납득할 수 있는 이유 없이는 변경해서는 안 된다.
- 팀별 토의 시 서로 다른 견해라도 성실하게 경청한다.
- 자기 주장을 너무 고집하거나 논쟁하는 것은 피해야 한다. 그러나 논쟁을 피한다는 이유로 자신의 의견을 바꾸지 말고 충분히 설명한다.
- 특정 개인이 집단의사결정을 주도하는 일은 피한다.
- 의사결정을 할 때 다수의결이나 홍정하는 식의 방법은 피한다.

    당신은 지금 요트를 타고 남태평양에 표류하고 있다. 그러나 원인 불명의 화재로 요트 대부분과 요트에 실렸던 물건이 거의 소실되었다. 요트는 서서히 침몰하고 있다. 당신과 다른 선원들은 화재로 혼란을 겪었고 항해 장비들의 파손으로 현재 위치는 알 수 없다. 여러 가지로 판단컨대 아마도 가장 가까운 육지로부터 남남서 방향으로 약 1,800km쯤 떨어져 있는 것 같다. 현재 아래에 적은 15가지 물건들과 노가 달린 고무 구명보트 하나가 파손되지 않고 남아 있다. 생존자들의 주머니에 남아 있는 물건은 모두 합쳐 담배 한 갑, 성냥갑 몇 개, 그리고 만 원권 지폐 5장뿐이다.

    아래의 15가지 물건들을 당신이 생존하는 데 있어서 중요도에 따라 1에서 15까지 등급을 매겨 보자. 그러니까 제일 중요하지 않은 물건이 15가 되는 것이다.

- 바다에서 전체의 각도를 측량하여 위도와 경도를 측정하는 데 사용하는 기계
- 면도하는 데 쓰는 거울
- 통에 들어 있는 물 한 말
- 모기장

▣ 군 야전용 식량 한 상자

▣ 태평양의 지도

▣ 방석(물에 뜬다)

▣ 윤활유와 휘발유가 혼합된 기름 두 되

▣ 소형 트랜지스터 라디오

▣ 상어 쫓는 약

▣ 8.8m의 불투명한 플라스틱 양동이

▣ 푸에르토리코 산 80도짜리 술 한 병

▣ 4.5m 길이의 나일론 줄

▣ 길다란 초콜릿 두 상자

▣ 낚시도구 상자

정답

전문가의 의견에 의하면 해상에서 조난당했을 때의 필요물품은 구조대에 보내는 신호물품과 구조대가 도착할 때까지 생존에 필요한 물품이라고 한다. 항해에 필요한 물품은 거의 가치가 없다고 한다. 비록 어느 정도 항해를 한다고 하더라도 육지는 너무 멀기 때문이다. 적절한 순위는 다음과 같다.

◐ 1위(면도거울): 태양광선을 이용, 구조대에 신호를 보낸다.

◐ 2위(혼합기름): 야간에 불을 붙여 구조대에 신호를 보낸다. 주간에는 기름이 바다 표면에 넓게 퍼져 식별을 용이하게 한다.

◐ 3위(한 말의 물): 물 없이는 오래 견디지 못한다. 낮 동안의 수분증발이 심하다.

◐ 4위(식량 한 상자): 기본식량이다.

◐ 5위(양동이): 빗물을 받아 식수로 활용한다.

◑ 6위(초콜릿): 보조식량이다.

◑ 7위(낚시도구): 초콜릿보다 순위가 낮은 것은 "숲 속에 있는 두 마리의 새보다 손 안에 있는 한 마리의 새가 가치 있기 때문이다." 낚시로 고기를 잡을 수 있다는 보장은 없다.

◑ 8위(나일론 줄): 물건들이 파도에 휩쓸리지 않도록 묶는 데 쓴다.

◑ 9위(방석): 사람이 물에 빠질 경우 구명대로 쓴다.

◑ 10위(상어퇴치약): 만약의 사태를 위해서 필요하다.

◑ 11위(술): 소독약으로 대용. 그러나 거의 가치는 없다. 섭취 시 탈수현상을 가속시킨다.

◑ 12위(라디오): 먼 바다에서는 거의 소용이 없다.

◑ 13위(태평양지도): 항해장비 없이는 쓸모가 없다.

◑ 14위(모기장): 바다 한가운데에는 모기가 없다.

◑ 15위(기계): 평평한 책상과 크로노미터가 있어야 사용 가능하다.

활동의 검토표

그룹명	그룹활동 이전(개인결정)			그룹활동에 의한 결과(집단결정)				
	최저오차	최고오차	평균오차	그룹결정오차	그룹효과	그룹점수보다 좋은 점수를 받은 사람수	가장좋은 개인오차 -그룹점수	팀효율
1조	24	48	44	34	10	5	10	22%
2조	19	44	34	30	-4	7	-11	-11%
3조								
4조								

- 최저오차: 개인이 결정한 순위에서 정답과의 차이 중 점수가 가장 낮은 것
- 최고오차: 개인이 결정한 순위에서 정답과의 차이 중 점수가 가장 높은 것

- 평균오차: 개인이 결정한 순위에서 정답과의 차이점수를 각 팀별로 평균한 것
- 그룹결정오차: 그룹이 결정한 순위와 정답과의 차이점수
- 그룹효과: 평균오차/그룹결정오차
- 팀효율: 그룹효과/평균오차×피드백

※ 피드백: 1조는 팀효율이 높고 2조는 팀효율이 낮다.

정답 집계표

품목	제1단계 개인이 정한 순위	제2단계 팀이 정한 순위	제3단계 정답	제4단계 1과 3의 차이	제5단계 2와 3의 차이
면도거울			1		
혼합기름			2		
한 말의 물			3		
식량 한 상자			4		
양동이			5		
초콜릿			6		
낚시도구			7		
나일론 줄			8		
방석			9		
상어퇴치약			10		
술			11		
라디오			12		
태평양지도			13		
모기장			14		
기계			15		
				개인의 합계점수	팀의 합계점수

1. 이 실습 중에 당신은 자신의 의견을 충분히 주장했습니까?

2. 자신의 감정을 자유롭게 나타냈습니까?

3. 구성원은 서로의 의견을 잘 들었습니까?

4. 전원 합의에 의한 집단결정을 해 보고(다수결과 비교해서) 어떻게 느꼈습니까?

5. 결정을 하기 위한 절차에 대하여 어떤 합의가 있었고 그 결과는 어떠했다고 느꼈습니까?

6. 토의과정에 대하여 깨달은 점을 몇 가지 구체적으로 열거하시오.

7. 집단결정을 내릴 때에는 어떤 리더십 또는 멤버십의 작용이 필요 또는 유효하다고 봅니까?

⑦ 모의실험

모의실험(simulation)은 현실세계에서 이루어지는 어떤 현상의 과정이나 역동성을 선별적으로 재현시키는 방법이다. 즉, 비행기 조종사가 실제 조종을 하기 전에 모의실험실에서 교육을 통하여 실제 조종을 하는 방법과 같은 것이 모의실험의 전형이라고 볼 수 있다. 최근에는 모의실험이 경영기법이나 리더십 과정에서 컴퓨터 시뮬레이션을 통해 실시되기도 한다. 모의실험을 위해서는 교수자가 반드시 시뮬레이션에 필요한 모든 절차를 철저히 숙지하여야 한다. 흥미 나 놀이 위주로 진행하는 것을 철저히 차단하고 현실상황에서 실제로 행해질 수 있는 부분에 초점을 맞추어 교육하는 것이 중요하다. 시간이나 비용이 많이 소비되기 때문에 충분한 검토 후에 도입하는 것이 바람직하다.

⑧ 감수성 훈련

감수성 훈련(sensitive training)이란, 심리적인 자극이나 자극 변화에 대한 감각반응 정도를 말한다. 보통 T그룹이라고 하는 소집단 내의 체험을 바탕으로 하여 사회적 감수성을 학습하는 방법인데, 개인의 심리적 효과를 노리는 경우와 집단이나 조직의 운영 또는 변혁을 위한 지도성을 목표로 하는 경우 등이 있다.

이 방법은 제2차 세계 대전 이후 미국에서 발달하였다. 감수성 훈련을 통해 첫째, 자기가 소속원의 한 사람으로서 활동하고 있는 집단, 조직, 사회의 역동적 활동과 그 경향성을 익히고 둘째, 집단 속에 있는 각 개인의 감정과 언동, 그것이 타인에게 미치는 영향 셋째, 집단에서의 각 개인의 역할 넷째, 각 개인이 자유롭게 되고 책임의 주체가 되어 가는 과정 다섯째, 집단이나 조직이 변혁되어 가는 역동적 과정을 깨닫는 통찰력 등을 가르치고 여섯째, 선천적이기보다는 체험적 학습에 의하여 발전한다.

9 구안법

구안법(project method)은 영국 및 미국에서 처음으로 개발된 교육 훈련 기법으로 관리자 및 감독자를 대상으로 개별 또는 집단별 과제를 부여하여 일정기간을 두고 실제로 문제와 씨름하게 한다. 즉, 복잡하고 어려운 상황 속에서 이미 배운 지식을 십분 활용하여 협력성, 기획력, 조직력, 판단력을 총동원하는 가운데 문제해결능력을 높이는 기법이다. 말하자면 지금까지 배우고 익힌 자신의 지식이나 능력을 총동원해서 문제해결능력을 키워 주는 기법이다. 구안법 진행방식의 유의점은 첫째, 목적 내지 목표, 테마를 결정한다. 둘째, 스스로 기획한다. 셋째, 스스로 활동한다. 넷째, 스스로 평가한다는 것이다.

10 토론법

토론법(debate method), 토의법(discussion method), 완전일치토의법(consensus method)의 차이점을 살펴보면, 의사소통의 광범위한 측면에서 볼 때 토의법 내에 완전일치토의법과 토론법이 있다고 볼 수 있다. 탁구경기를 연상해 보자. 우선 단식일 경우 선수는 두 사람이다. 그리고 심판이 있고 탁구공이 있다. 여기서 선수는 송신자와 수신자로 볼 수 있고 탁구공은 메시지이며 심판은 토론을 관리하는 사람이라고 보면 된다. 경기는 서브로부터 시작된다. 한 선수가 서브를 넣으면 상대방은 그것을 받아 넘긴다. 만약 상대방 선수가 탁구공을 넘기지 않는다면 경기는 이루어지지 않는다. 그리고 규칙을 어길 경우에도 경기는 진행되기 어렵다. 토론의 과정도 마찬가지다. 영어사전에서 토론을 찾아보면 "a discussion or argument carried on between two matched sides according to fixed rules"라고 나와 있다. 즉, "정해진 규칙에 따라 대립되는 두 팀 사이에서 이루어지는 토의나 의논"이라고 정의하고 있다. 토의나 의논의 경우에는 반드시 찬성이나 반대로 대립되는 두 팀이 전제되는 것은 아니다. 또한 발언의 순서나 시간제한 등 일정한 규칙이 있는 것도 아니다.

토의법은 대립된 의견을 통합시키기 위하여 집단 구성원이 각자의 의견을 제시하고 그 시비를 논의하는 과정이다. 완전일치토의법은 미국 우주항공국(NASA)에서 개발된 것으로 토의를 해 나가면서 나의 의견과 상대방의 의견차이를 점차 줄여 결국 하나의 의견으로 모아 가는 과정이라고 볼 수 있다. 완전일치토의법은 여러 가지 토의법 중의 하나라고 보면 된다. 토론과 토의의 구체적 차이점을 살펴보면 다음과 같다.

- 토론은 자신이 이미 갖고 있는 해답이나 가치를 상대방에게 이해시키고 설득시킨다. 토의는 나와 상대방이 협력하여 회의나 토의를 거쳐 해답을 얻어 가는 과정이다.
- 토론은 나와 상대방이 사전에 의견이 대립되어 있으며 대립적인 틀 안에서 발전적인 과정을 모색해 보고자 하는 변증법적 사고다. 토의는 일종의 집단사고 과정이다.
- 토론은 일정한 규칙과 방식이 있다. 토의는 일정한 규칙이나 방

식 없이 자유롭게 의논하는 것이 특징이다.

- 토의가 끝나는 시점부터 토론이 시작된다고 보면 된다.
- 토론은 사실과 논리에 바탕을 두고 상대방을 내편으로 만들어 가는 것이다. 토의는 마음의 문을 열고 허심탄회하게 아이디어를 교환하는 것이 중요하다.

공식적인 토론의 예로 재판을 들 수 있다. 재판은 하나의 논제(소송)을 가지고, 원고와 피고 사이에서, 일정한 규칙에 따라, 검증에 기초를 둔 의논이 행해지고(심리) 승패, 즉 판결이 내려진다. 이러한 과정에서 어느 한쪽이 이기게 되는 것이다. 어느 쪽도 맞을 수 있다는 애매한 태도는 재판과정에서 있을 수 없다. 토론도 마찬가지다. 애매한 태도를 취하는 것이 아니라 상대방을 설득하여 내 편으로 만드는 과정인 것이다. 토론법을 통하여 우리는 객관적 분석능력과 논리적 사고력, 발표력, 정보수집능력, 적극적 경청능력, 리더십 등을 함양할 수 있다.

상대방을 내편으로 만드는 과정에서 사고하거나 논리를 펼쳐 나가는 방법에는 두 가지가 있다. 하나는 귀납적 방법이고 다른 하나는 연역적 방법이다. 인간이 사고하거나 논리를 펼쳐 나갈 때 주로 귀납법이나 연역법을 통해서 이루어진다. 귀납법이란, 여러 가지 구체적인 사실을 먼저 파악하여 이것을 바탕으로 일반적인 법칙을 이끌어 내는 것이다. 예를 들면, '이순신은 죽었다. 강감찬도 죽었다. 이순신과 강감찬은 인간이다. 그러므로 모든 인간은 죽는다.' 라고 하는 3단 논법을 이끌어 내는 것이 귀납법이다. 즉, 구체적인 사실

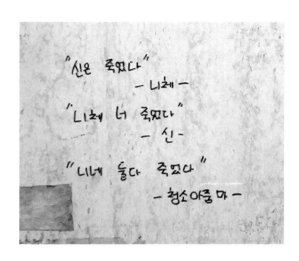

들을 먼저 말하고 결론은 나중에 말한다. 귀납법은 동양 사람들이 자주 사용하는 경향이 있다. 사진은 화장실에 있는 재미있는 낙서의 귀납적 사고의 예(?)다.

　연역법이란, 하나의 법칙에서 개별적인 사항들을 이끌어 내는 것이다. 예를 들면, '모든 사람은 죽는다. 이순신은 사람이다. 그러므로 이순신은 죽는다.' 라는 3단 논법을 이끌어 내는 것이다. 즉, 결론을 먼저 말하고 구체적인 사실을 나중에 말하는 것이다. 연역법은 서양 사람들이 잘 사용하는 화법이다. 우리나라 말은 끝까지 들어봐야 한다는 이야기가 있다. 결론은 꼭 끝에 있다는 것이다. 연역적 사고를 하는 입장에서 보면 아주 답답할 수 있다. 서양 사람들은 결론부터 먼저 이야기하고 나중에 구체적인 이야기들을 덧붙여 나간다. 그러나 동양 사람들은 그 반대다. 그래서 직장에서 보고를 할 때 오죽하면 결론부터 이야기하라는 교육을 시킬 정도다. 즉, 영업사원이 계약을 했는지 안 했는지에 대한 보고를 할 때 "결론부터 말씀드리면 계약을 성사시키지 못했습니다. 그 이유는?…" 이렇게 이야기해야 하는데, 계약하지 못한 이유나 사정만 계속 이야기한다면 듣고 있는 사람은 답답할 수 있다.

일반적으로 말의 구조에서 처음에 결론이 나오고 나중에 부수적인 이야기를 하는 편이 더 바람직하다. 결론부터 먼저 말할 경우 듣는 사람이 훨씬 더 빨리 이해할 수 있기 때문이다. 즉, 무엇을 말하고 싶은지를 처음부터 알 수 있기 때문에 뒤에 말하는 내용을 더 잘 이해하게 된다는 것이다. 이에 비해서 귀납적인 화법의 경우 결론이 마지막에 나오기 때문에 주의해서 듣지 않으면 도중에 무슨 말을 하는지 이해할 수 없을 뿐만 아니라 어느 것이 본론이고 어느 것이 부수적인 이야기인지 알기 어렵다. 연설을 할 경우에는 두 가지 모두를 고려해서 하는 것이 바람직하다.

토론의 형식으로는 사법기관에서 행해지는 사실심리나 법률심리, 공청회, 기타 TV 토론 등 여러 가지가 있지만 모든 형식에 공통적으로 사용되는 원칙은 다음과 같다.

첫째, 인원수가 동일하다. 즉, 찬성 또는 긍정적인 입장과 반대 또는 부정적인 입장의 인원수를 동일하게 구성한다. 둘째, 시간 사용을 균등하게 한다. 양측에 배분되는 시간을 균등하게 한다. 셋째, 최초와 최후에는 반드시 찬성 또는 긍정적인 입장이 말하는 것으로 한다. 이렇게 하는 이유는 토론의 논제가 찬성 또는 긍정적인 입장의 주장을 표현한 것으로 되어 있기 때문이다. 토론진행 방식에는 전통적인 토론진행 방식과 심문형 토론진행 방식이 있다(〈표 4-3〉, 〈표 4-4〉 참조).

〈표 4-3〉 전통적인 토론 진행방식

주장	반론
긍정적 입장 첫 주장 10분	부정적 입장 첫 반론 5분
부정적 입장 첫 주장 10분	긍정적 입장 첫 반론 5분
긍정적 입장 두 번째 주장 10분	부정적 입장 두 번째 반론 5분
부정적 입장 두 번째 주장 10분	긍정적 입장 두 번째 반론 5분

〈표 4-4〉 심문형 토론 진행방식

주장	반론
긍정적인 입장 첫 주장 10분	부정적인 입장 첫 반론 5분
부정적인 입장에 의한 첫 심문 3분	긍정적인 입장 첫 반론 5분
부정적인 입장 첫 주장 10분	부정적인 입장 두 번째 반론 5분
긍정적인 입장에 의한 첫 심문 3분	긍정적인 입장 두 번째 반론 5분
긍정적인 입장 두 번째 주장 10분	
부정적인 입장에 의한 두 번째 심문 3분	
부정적인 입장 두 번째 주장 10분	
긍정적인 입장에 의한 두 번째 심문 3분	

  토론의 대상이 되는 주제를 논제(proposition)라고 하는데, 논제에는 사실논제, 가치논제, 정책논제가 있다. 사실논제는 가능성이 높은 과거, 현재, 미래의 어떤 현상의 존재 유무에 관한 사실을 토론의 대상으로 정하는 것이다. 예를 들면, 과거 사실의 경우 '일본의 도예공들은 조선인이 대부분이었다.' 현재 사실의 경우 '초등학교 학생 대부분은 과거 1980년대 학생들에 비해 학력이 저하되고 있다.' 미래 사실의 경우 '21세기 세계의 중심은 대한민국이 될 것이다.' 와 같은 것이다. 가치논제는 사실에 대한 가치판단이 의논의

대상이 된다. 즉, 과거의 가치는 '박정희 대통령은 리더십이 뛰어난 대통령이었다.' 현재의 가치는 '우리나라 학교교육은 비인간적이다.' 미래 가치는 '임금피크제도는 기업에 유익한 제도가 될 것이다.' 정책논제는 토론에서 가장 자주 사용되는 논제이기도 하다. 즉, 사실과 가치판단에 기초를 두고 어느 행정정책이 정해져야 한다고 하는 것이 정책논제다. 예를 들면, '교육인적자원부는 학교교육의 정상화를 위해 전인교육을 실시해야 한다. 기업은 종업원들의 복지를 향상시키기 위해 주 5일 근무제도를 도입해야 한다.' 와 같이 정책논제에서 주의해야 할 것은 논리 중에 '~을 해야 한다' 의 의미다.

이러한 논제를 결정할 때 다섯 가지 필수조건은 첫째, 논제는 토론이 가능하고 화제가 될 만할 것 둘째, 한 가지의 중심적인 과제를 선정할 것 셋째, 감정적인 표현은 피할 것 넷째, 추상적인 표현을 삼갈 것 다섯째, 긍정적인 주장을 하는 편에서 입증책임을 지게 하면서 현 상태에서의 중대한 변화를 표명할 것 등이다.

추론의 기본모델로는 다음과 같은 것이 있다. 다른 사람의 의견에 반론을 하려고 할 경우에는 결론, 자료, 논거의 세 가지 요소를 우선 장악하는 것이 중요하다. 추론의 기본과정은 이 세 가지 요소에 세부적으로 세 가지 요소를 추가하여 여섯 가지 요소로 구성된다. 이 여섯 가지 요소를 하나씩 살펴보면 다음과 같다. 즉, 결론(claim)은 토론과정에서 입증하고자 하는 의논의 결론이다. 자료(data)는 토론과정에서 결론을 내리기 위해 제시하는 증거자료다. 논거(warrant)는 자료로부터 결론으로 전개해 나가는 과정을 정당화하는 소결론이다. 뒷받침(backing)은 논거를 위한 믿을 만한 근거가 되는 것이다. 한정(qualification)은 결론이 갖는 설득력의 강도를 말한다. 조건(rationale)은 결론이 성립되기 위해서 숨은 유보조건이다.

토론법이 다 좋은 것은 아니다. 토론법을 고수할 경우 지나치게 이론만 따지는 경향이나 지나치게 자기합리화를 하려는 경향이 있다. 교육목적에 따라 토론법이나 토의법, 완전일치토의법 또는 발상법과 같은 것을 활용하는 것이 도움이 될 것이다.

자유토의법

자유토의는 리더 1명과 5~6명이 참가해서 실시한다. 그리고 좌석 배정에 있어서 모든 참가자들의 얼굴이나 제스처를 볼 수 있도록 배려해야 한다. 우선 리더가 토의를 하는 배경에 대해서 설명하고 토의의 목표와 테마를 발표한다. 이때는 참가자의 발언이 허용되며 진행절차에 있어서 의견이 있으면 지장이 없는 한 받아들이도록 한다. 발언이 없을 때는 리더가 적당히 질문을 함으로써 참가자들의 발언을 유도한다. 그러나 리더 자신은 발언을 삼가고 토의가 진행 중이거나 끝났을 때 문제점을 정리하여 결론을 내려 준다. 이렇듯 자유로운 토의에 의해서 참가자들은 서로의 입장이나 생각을 충분히 이해하게 되고 마침내는 일치된 결론에 도달하게 된다. 브레인스토밍(Brainstorming: BS)과 유사하다고 할 수 있다.

브레인스토밍은 미국의 광고대행회사인 BBDO의 사장이었던 Alex F. Osborn이 그의 저서 『창의력을 펴라』에서 광고에 관련된 아이디어를 내기 위한 회의방식으로 생각해 낸 것으로 전 세계적으로 인정받고 있는 발상기법이다. 1938년에 고안된 이래 세계에서 가장 널리 활용되는 기법이다. Brain Storm은 말 그대로 '두뇌의 폭풍, 두뇌착란' 이라는 의미였으나 오즈본의 고안에 의해서 오늘날에 와서는 "구성원이 자발적으로 제출하는 아이디어를 축적해서 어떤 구체적인 문제를 해결할 방법을 찾아내려는 그룹적인 시도이며, 실제적인 회의의 기법" 이라고 정의된다.

두 가지 기본원칙은 다음과 같다. 첫째, 양이 질을 낳는다. 처음부터 좋은 아이디어를 내려고 하기보다는 무조건 많은 아이디어를 내는 것이다. 그 가운데서 자연히 좋은 아이디어가 나온다. 둘째, 선발상 후 판단이다. 여럿이 함께 생각할 때는 다른 사람이 내는 아이디어를 비판하지 않는다. 이렇게 해야 많은 아이디어가 나올 뿐 아니라 비약적이며 독창적인 아이디어가 되어 간다.

브레인스토밍의 네 가지 원칙은 다음과 같다. 첫째, 비판금지(감정의 장벽제거), 즉 판단보류(differed judgement)다. 아이디어를 내면서 그때마다 판단을 내리는 것은 사고의 유창함을 막는 결과를 초래하므로 상대방이 낸 아이디어에 대해서 판단을 보류해야 한다.

둘째, 질보다 양 추구(quantity oriently)다. 미국의 버팔로 시 시장으로부터 항구에 세워진 새로운 다리의 이름을 의뢰받았을 때의 일이다. BS를 통해 단 하나의 다리 이름을 붙이는 데에 3,800가지의 아이디어가 나왔다. 100가지나 200가지라면 모르되, 3,800가지나 된다면 다음은 그 가운데서 가장 좋은 것을 선택하기만 하면 된다. 또한 서투른 총솜씨라도 많이 쏘면 한 발로 명중시키려고 노력하는 것보다는 많이 맞힐 수 있을 것이다. 이처럼 성공할 확률이 낮다고 해서 단념할 것이 아니라 확률이 낮더라도 많은 것 가운데에는 반드시 진귀한 보물이 있으리라는 적극적인 사고방식이 브레인스토밍에서는 대원칙이다.

셋째, 자유분방(문화의 장벽제거, free-wheeling)이다. 자유롭게 마음껏 아이디어를 제시하고 상식 외의 아이디어를 대환영하며 아무런 제약도 하지 않는 것이다.

넷째, 결합과 개선(편승환영, cross-fertilize)이다. 브레인스토밍은 그룹으로 행하기 때문에 회의중 다른 구성원들로부터 많은 아이디어가 제시된다. 따라서 다른 사람이 제기한 아이디어에 자극을 받아서 별개의 아이디어를 많이 내는 것이 중요하다. 즉, 다른 사람이 낸 아이디어라도 개선하거나 수정하거나 조합해서 새로운 아이디어로 만들어 낼 수 있다.

실제로 BS를 할 경우 다음과 같은 방식으로 이끌어 나가는 것이 효과적이다. 즉, 브레인스토밍을 하더라도 말을 잘 하지 않을 수 있기 때문에 첫 단계에서는 free-wheeling 방식으로 순서에 상관없이 자발적으로 아이디어를 발표하고 그대로 기록하는 방식이다. 자발적으로 아이디어가 나오지 않을 경우 round robin 방식으로 앉은 순서대로 오른쪽 방향으로 발표하고 몇 번씩 아이디어를 계속 발표하게 한다. 다음으로는 slip method 방식으로 아이디어를 포스트잇에 무기명으로 기록하여 수집하는 방식을 사용할 수 있다.

발전적 토의법

개발적 토의법(development discussion)이라고도 하며 리더 1명을 중심으로 5~15명 정도가 참가하여 실시한다. 회의 진행방법과 유사하다. 회의는 크게 정보전달회의와 의사결정회의의 두 가지 범주로 분류할 수 있다. 이러한 회의의 유형마다 진행방법이 조금씩 다르다. 정보전달회의는 참석자 수의 제한이 없으나 의사결정회의는 12명 이하가 바람직하다. 의사소통과정도 정보전달회의는 사회자가 참석자에게 일방적인 반면 의사결정회의는 참석자 모두의 상호 토의가 필요하다. 발전적 토의법은 이와 같은 회의진행법을 생각하면 된다.

대결토의법

대결토의법은 어떤 테마에 대한 각자의 사고방식의 차이를 노출시킬 목적으로 사용한다. 보통 리더 1명과 10~15명의 인원을 두 개 그룹으로 나누어 실시한다. 즉, 이들 두 그룹은 리더가 제시한 문제에 대해서 찬성하고 반대하는 입장을 취하게 된다. 그리하여 리더는 양쪽의 의견을 총괄해서 정리한다. 대결토의법은 15명 전후가 적합하며 그 이상이 될 때는 강의법이나 집단토의법을 사용한다. 예를 들면, '뇌사를 인정하는가? 반대하는가?'의 찬반 토론은 대결토의법이라고 할 수 있다.

집단토의법

배심토의(panel discussion)　　4~6명을 선정하여 토의하게 하며 이들을 패널 멤버라 부른다. 이들로 하여금 특정한 문제를 놓고 참가자들 앞에서 의견을 말하게 한다. 3분의 2 정도 시간이 지났을 때 리더가 발표된 내용을 개괄하고 설명한다. 이어 참가자들이 패널 멤버들에게 질문과 답변을 하게 한다. 혹은 패널 멤버들이 서로 재차 토의를 하여 보충적인 의견을 말한 다음 끝낸다. 일반적으로 많이 사용되는 기법으로, 어떤 특정한 테마에 대하여 풍부한 지식을 가지고 있는 사람의 의견을 청중들이 자유롭게 들을 수 있다. 배심토의의 경우 공식적인 발표나 강의를 하지 않고 다소 비공식적인 대화를 중심으로 이루어지고, 논리적이고 체계적인 정보의 제시는 어려울 때가 많다.

> **예** 한글전용에 대한 토의의 경우 한글학회 1명, 한문전공자 1명, 일반시민 1명, 언론인 1명, 교사 1명 등으로 선정하여 토의를 실시한다.

심포지엄(symposium) 　패널 토의와 비슷하지만 패널 멤버가 독립된 분야에 대해 전문적인 의견이나 견해를 말할 뿐 토의는 하지 않는 것이 보통이다. 또한 심포지엄의 경우 주로 한 가지 주제만을 다룰 수 있다. 참가자가 질문을 했을 때에도 개별적으로 대답하는 데 그친다. 이것은 특정 테마에 대한 전문가의 견해를 듣는 데 목적이 있다.

> **예** 학술 심포지엄이나 수능제도에 대한 심포지엄의 경우 학교장, 교육부 장관, 대학교수 등이 참석하여 자신들의 독립된 분야에 대해 전문적인 의견이나 견해를 말하고 상호 간의 토의는 하지 않는다.

콜로퀴(colloquy) 　colloquy란 대담 또는 회담이라는 뜻으로 패널 토의와 비슷하지만 정보제공자로서 수 명의 전문가를 출석시킨다는 점이 다르다. 리더는 토의 중에 이들 전문가의 정보를 구할 수 있지만 이 경우에 그들은 정보 제공으로 끝난다. 참가자들이 요구하는 각도에서 전문가의 깊은 의견을 요구하는 데 적합하다.

> **예** 한글전용에 대한 예의 경우 패널 토의와 동일하지만 토의에 전문가들만 참여하는 점이 다르다. 즉, 패널 멤버로 한글학자 1명, 대학교수 1명, 한글수호위원회 1명 등 한글전용과 관련 있는 전문가들만 참석하고 일반인들은 참석하지 않는 것이 보통이다.

공개토의(forum)　　포럼은 여러 형태로 어떤 주제에 관해 새로운 사고방식이나 정보, 자료나 분석결과 등을 제공하고, 참가자에게 그 문제에 대해 질의응답을 함으로써 관심과 열의를 북돋우고, 나아가서 필요한 정보를 부여하여 문제를 명백히 밝히고 참가자의 사고를 더욱 활발히 하고자 하는 방법이다. 포럼은 정보제공 방법의 차이에 따라 강의에 의한 것을 lecture forum, 대담에 의한 것을 대담 포럼, 찬반양론에 의한 토의, 소위 흑백 토론회에 의한 것을 debate forum, 영화나 슬라이드 비디오에 의한 것을 film forum이라고 한다.

세미나(seminar)　　세미나의 참가자는 모두 어떤 주제에 대하여 권위 있는 전문가나 연구자들로 구성된다. 즉, 특정 주제와 관련된 공식적인 보고와 함께 참여자들이 의견을 개진하거나 질의응답을 통하여 이루어진다. 세미나는 특정 주제에 대한 전문적인 연수나 훈련의 기회를 제공하는 데 목적이 있다.

워크숍(work-shop)　　워크숍은 작업장이나 일터 또는 공작실이라는 뜻을 가지고 있다. 대집단을 몇 개의 작은 그룹으로 나누어 그룹마다 리더를 정하여 토론함으로써 결론을 끌어내는 방법이다. 다음에 나오는 버즈세션과 명확한 차이가 없다.

버즈세션(buzz session)　　buzz란 벌의 붕붕거리는 시끄러운 소리, 소음을 말하며 session이란 기간, 회기 등의 뜻을 가지고 있다. 리더 1명에 3~7명으로 이루어지는 작은 그룹을 몇 개 만들어 우선 그룹별로 토론하여 결론을 끌어낸다. 이어 리더가 그룹의 의견과 결론을 발표한다. 이때의 상황이 벌떼가 붕붕거리는 것처럼 요란하고 시끄러워 그런 이름을 붙인 것 같다. 이어 전원이 자유롭게 의견을 제시하여 결론으로 정리한다.

토의 시 요령

토의 진행요령은 다음과 같다.

- 강사는 우선 토의해야 할 테마를 정한다.
- 강사는 토의기법에 대한 진행요령을 설명한다.
- 소그룹마다 리더를 두어 일정시간의 토의 후 결과를 정리한다.
- 소그룹의 리더가 그룹의 결론을 발표한다.
- 이에 대해서 참가자 전원이 토의한다.
- 강사는 결론을 정리하고 코멘트를 준다.

토의 시 리더의 유의사항은 다음과 같다.

- 토의 제목은 구체적이고 알기 쉽게 제시한다.
- 발언은 반드시 열거하고 경청하는 동시에 칠판에 요점을 요약한다.
- 발언은 칭찬하고 촉진하며 비판해서는 안 된다.
- 제출된 사실이나 의견에 대해 반대의견을 구한다.
- 질문 활용을 잘한다.

완전일치토의법의 실제

완전일치토의법의 경우 찬반 양론의 토의법과 달리, 전원 합의에 의해 결론을 도출해 내는 방법이다. 완전일치토의로 결론을 도출할 때 팀원들은 첫째, 결론의 방법을 다수결로 하지 말아야 한다. 완전일치토의법에서 추구하는 것은 consensus, 즉 합의에 의해 정답을 만들어 내야 한다는 것이다. 둘째, 개인별 의사결정사항은 당신 자신의 결정이므로 충분히 납득할 수 있는 이유 없이는 변경해서는 안 된다. 논리적으로 설득이 가능할 때 의사결정에 대한 변경이 있어야 한다. 셋째, 다른 사람의 견해도 성실하게 경청하도록 한다. 즉, 많은 사람들이 정답이라고 하더라도 한 번 더 신중히 생각해 볼 필요가 있다. 소극적인 사람의 경우 확실히 정답을 알더라도 적극적으로 발표하지 않고 망설이는 경우가 있기 때문에 다시 한 번 확인해야 한다. 넷째, 자기주장을 너무 고집하거나 논쟁하는 것은 피해야 한다. 그러나 논쟁을 피한다는 이유로 자신의 의견을 바꾸어서는 안 되고 충분히 설명한다. 정답이 아니지만 설득이나 목소리 큰 것으로 윽박질러 정답으로 하는 경우가 있다. 이것을 조심해야 한다. 다섯째, 특정 개인이 집단의사결정을 주도하는 일은 피한다. 어떤 사람이 발표도 잘하고 열심히 하는 것 같으니 그 사람에게 정답을 맡겨 두고 다른 사람들은 담배 피고 휴식 하고 하는 일이 없도록 한다. 여섯째, 의사결정을 할 때 다수의결이나 홍정하는 식의 방법은 피한다. 완전일치토의법의 한 가지 방법을 소개한다.

➡ 완전토의일치법의 예-9 Position

이 게임은 일본 산업교육기관에서 퍼즐하다가 힌트를 얻어서 만든 것이다. 교육목적은 문제해결의 과정에서 정보의 수집, 음미, 검토, 정리 등의 작업을 통해 협동작업의 바람직한 자세에 대해서 배우며, 그룹 전원 참가에 의한 문제해결의 분위기를 만들고 개인이 갖는 정보나 능력자원을 그룹에서 활용하는 것이 필요하다는 것을 깨닫도록 하는 것이다. 학습성과로는 상호 간의 친밀감 형성, 구성원이 갖고 있는 불안감과 긴장감 해소, 구성원의 참여의식 고취, 구성원의 협동심 함양, 집단의사결정 과정의 이해, 문제해결능력 배양, 문제해결과정에서 팀원들 사이의 서로 다른 접근방법이 미치는 영향에 대해서 깨달을 수 있다. 또 문제해결에서 나타난 리더십 활동을 관찰할 수 있고 평소의 경험과 맞지 않는 새로운 상황에서 문제해결의 어려움을 해소할 수 있다. 교육 보조자료로는 과제시트, 정보카드, 회고표 등이 있으면 된다. 문제는 과제시트를 읽고 각각의 정보카드를 가지고 9명의 포지션의 정답을 찾아낸다. 정보카드는 총 16개이므로 혼자일 경우 16개를 가지고 하고, 두 명이면 8개씩 나눠 가지며, 네 명일 경우 4개씩 가지고 풀면 된다.

이번 주 일요일에 A라는 회사와 야구대회가 있다. 그런데 A사에 야구 포지션 때문에 몇 번 연락을 했지만 아직 연락을 받지 못했다. 이 업무는 이 대리의 담당이었으나 이 대리는 이번 주 월요일부터 출장 일로 너무 바빠서 이 업무를 잊어버린 것 같다. 그래서 지금 A사와 연락을 취하기 위해 전화를 해 보았지만 A사는 휴일이고 A사의 야구부장은 출장 중이다. 공장에서 일하는 사람의 자택으로 전화를 걸기도 하는 등 여러 가지 조사해 보았지만 이 대리가 알아낸 것은 다음과 같은 단편적인 정보뿐이다(단편적인 정보는 카드로 되어 있고 그 정보는 16가지임). 무슨 일이 있어도 오늘 중으로는 포지션을 정해야 하기 때문에 이 정보카드로 포지션을 알아내야만 한다.

정보카드

1. 홍성흔 선수는 3루수와 같은 아파트에 살고 있다고 한다.
2. 양준혁 선수의 누이동생은 2루수와 약혼 중으로 결혼식은 아무래도 내년 봄일 것 같다.
3. 유격수와 3루수, 박진만 세 사람은 곧잘 어울려 경마 구경을 하러 간다고 한다.
4. 외야 중 한 사람은 아무래도 정수근 선수나 박재홍 선수 같다.
5. 선수들은 곧잘 어울려 골프를 치러 간다고 하는데 이대호, 홍성흔, 박진만은 아무래도 캐처와 2루수에게는 못 이긴다고 한다.
6. 박재홍 선수는 캐처와 매우 사이가 좋다고 한다.
7. 김동주 선수는 박진만 선수보다 키가 크고, 정수근 선수는 박진만 선수보다 키가 작다. 그러나 이 세 사람은 모두 1루수보다 키가 작다.
8. 투수, 포수 등 내야 전원은 조인성, 양준혁, 박재홍 이 세 선수를 제외하면 모두 외야수 임창용 선수보다 키가 작다.
9. 중견수는 우익수보다 키가 크지만 발은 우익수 쪽이 빠르다고 한다.
10. 캐처의 장남과 3루수의 차녀는 초등학교 같은 반이라고 한다.
11. 피처는 마작을 매우 잘한다고 한다. 이번 달에도 이대호 선수와 조

인성 선수에게서 5천 원씩 땄다고 한다.

12. 임창용 선수는 부인과 사이가 좋지 않다고 한다. 이혼할 것이라는 소문이 나돌고 있다.

13. 피처의 부인은 3루수의 여동생이라고 한다.

14. 선수들 중 독신자는 양준혁, 이대호, 김동주 선수, 그리고 중견수와 우익수의 5명이다.

15. 선수들 중 술을 마시지 않는 사람은 이대호 선수와 박재홍 선수, 유격수 세 사람이라고 한다.

16. 양준혁 선수는 외야수의 친구와 마작을 하는 일이 많다고 한다.

> *실제 상황과는 다름

정답

정리된 정보를 가지고 정답을 풀어 나가면 된다.

정보정리에 나와 있는 내용을 가지고 표에 정답안 도출

- 정보카드에서 '~가 아니다'라고 하는 형태에서 얻은 것은 / 표시
- 독신과 기혼의 정보를 조합해서 얻은 정보는 × 표시
- 하나가 결정됨에 따라 사라지는 것은 ∨ 표시
- 키의 정보는 맨 나중에 ◎ 표시
- 숫자는 결정되는 순서를 나타낸 것

정보정리

1. 홍성혼 선수는 3루수와 같은 아파트에 살고 있다.
   → 홍성혼 선수는 3루수가 아니다.

구분	피처	캐처	1루수	2루수	3루수	유격수	레프트	센터	라이트	독신/기혼
홍성훈	5		V			V				
조인성		7	V	V	V	V				
이대호			3				V			독신
김동주				2		V	V			독신
박재홍	V		V	V	6					
양준혁			V			4				독신
임창용							1			기혼
박진만	V						V	◎8	V	
정수근	V	V		V	V	V	V	V	◎9	
독신/기혼	기혼	기혼		독신	기혼			독신	독신	

2. 양준혁 선수의 누이동생은 2루수와 약혼 중으로 결혼식은 아무래도 내
   년 봄이나 되어야 할 것 같다.
   → 2루수는 독신이고 양준혁은 2루수가 아니다.

3. 유격수와 3루수, 그리고 박진만 세 명은 곧잘 어울려 경마를 구경하러
   간다.
   → 박진만은 유격수와 3루수가 아니다.

4. 외야 중 한 사람은 아마 정수근 선수나 박재홍 선수 같다.
   → 외야 중 한 사람은 아마 정수근 선수나 박재홍 선수 같다.

5. 선수들은 자주 어울려서 골프를 치러 가는데 이대호, 홍성흔, 박진만은 포수와 2루수에게 이길 때가 드물다고 한다.

　→ 이대호, 홍성흔, 박진만은 포수와 2루수가 아니다.

6. 박재홍 선수는 포수와 매우 사이가 좋다.

　→ 박재홍은 포수가 아니다.

7. 김동주 선수는 박진만 선수보다 키가 크고, 정수근 선수는 박진만 선수보다 키가 작다. 그런데 이 세 명은 모두 1루수보다 키가 작다.

　→ 김동주, 박진만, 정수근 선수는 1루수가 아니다.

　→ 키는 1루수 > 김동주 > 박진만 > 정수근 선수 순이다.

8. 투수, 포수 등 내야 전원은 조인성, 홍성흔, 박재홍 세 명을 제외하면 모두 외야수 임창용 선수보다 키가 작다.

　→ 조인성, 홍성흔, 박재홍은 외야수가 아니다.

　→ 임창용은 내야수가 아니다.

9. 중견수는 우익수보다 키가 크지만 발은 우익수 쪽이 빠르다고 한다.

　→ 키는 중견수 > 우익수

10. 포수의 장남과 3루수의 둘째 딸은 초등학교 같은 반이다.

　→ 포수와 3루수는 기혼이다.

11. 투수는 마작을 잘한다. 이번 달에도 이대호 선수와 조인성 선수에게 5천 원씩 땄다.

　→ 이대호, 조인성은 투수가 아니다.

12. 임창용 선수는 부인과 사이가 좋지 않다고 한다. 얼마 안 있어 이혼할 것이라는 소문이 나돌고 있다.

　→ 임창용은 기혼이다.

13. 투수의 부인은 3루수의 여동생이다.

　→ 투수는 기혼이다.

14. 선수 중 독신자는 양준혁, 이대호, 김동주, 그리고 중견수와 우익수 다섯 명이다.

→ 양준혁, 이대호, 김동주는 중견수와 우익수가 아니다.

→ 양준혁, 이대호, 김동주, 중견수, 우익수는 독신이다.

15. 술을 마시지 않는 사람은 이대호, 박재홍, 유격수 세 명이라고 한다.

→ 이대호, 박재홍은 유격수가 아니다.

16. 양준혁 선수는 외야수의 친구와 마작을 하는 일이 많다고 한다.

→ 양준혁은 외야수가 아니다.

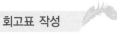

회고표 작성

1. 회의의 계기를 만든 것은 누구의 어떤 발언이었습니까?

2. 어떻게 할 것인가 하는 방법을 사전에 명확하게 했습니까?

3. 방법을 제안한 사람은 누구였습니까?

4. 작업은 전원의 이해와 납득하에 진행되었습니까? 2~3명의 의견에 따라 강제로 진행되지는 않았습니까?

5. 누구의 어떤 발언이 과제의 달성에 쓸모가 있었습니까?

6. 그룹 전체의 팀워크에 대한 노력의 정도는 몇 점 정도였다고 생각하십니까?

7. 그것은 어떤 점에서 그렇습니까?

8. 이 실습에서 일상의 업무에 적용될 만한 교훈을 예측해 주십시오.

9. 기타 느낀 점이나 깨달은 점이 있다면?

　먼저 정답을 제시한다. 그런 후 9명의 포지션 회고표를 작성하여 발표하게 한다. 발표 시 8번과 9번 항목에 대해서 학습자들이 적은 내용을 칠판에 받아 적은 후 피드백한다. 학습자들이 적은 내용을 재정리해 준다. 정리된 내용을 간단히 설명해 줌으로써 학습자들 스스로 학습에 참여하여 깨달은 것을 인식시켜 준다. 이 학습은 강의식 교육이 아니라 체험학습식 교육이다. 강의식의 경우 강의내용을 학습자들에게 일방적으로 전달하지만 체험학습식 교육은 학습자들이 스스로 학습내용을 깨닫게 하는 것이 특징이다. 따라서 8번과 9번 항목에 나온 내용은 학습자들이 스스로 깨달은 내용이라고 보아도 무방하다. 이 게임은 Ice Breaking 효과를 가져온다. 따라서 학습자들이 서로 모르는 상태에서 처음 시작하는 것이 좋다. 왜냐하면 자기가 가지고 있는 정보를 구성원에게 반드시 알려 주어야만 정답이 나올 수 있기 때문이다. 따라서 전원 참여를 유도할 수 있고 서로 모르는 상태에서 정보에 나와 있는 내용을 가지고 정답을 도출해 나가다 보면 친해지는 효과도 가져온다. 또한 정보마인드를 함양시킬 수 있다. 낱낱의 정보를 잘 정리해야만 정답을 도출해 낼 수 있다. 즉, 정보카드에 나와 있는 내용은 정보라기보다는 data로 볼 수 있다. 정보정리가 바로 information이라고 볼 수 있으며 그 information을 가지고 도표에 나와 있는 것처럼 잘 정리, 가공하여 정답을 만들어 나가는 것이 바로 진짜의 정보 intelligence라고 보면 된다. 이러한 방법은 매트릭스적인 사고(합리적, 논리적, 분석적)를 키울 수 있다. 자료를 정리해 나갈 때 대부분의 사람들이 서술식으로 정리함으로써 많은 시간과 노동을 투자하게 되는데, 표를 가지고 정리해 나가면 훨씬 더 잘 정리할 수 있다. 예를 들면, 어떤 문제점이나 개선점 또는 장단점을 알아보기 위해 대개의 경우 서술식으로 ① 문제점, ② 장단점, ③ 개선점으로 정리해 나가는데, 그렇게 하기보다는 한눈에 볼 수 있게 표로 정리해 나가는 것이 훨씬 효과적이다. 연수 시 학습자들에게 실시해 본

결과 보통 조별로 실시, 1개조 7명 정도로 5~6개조에서 정답을 맞히는 조는 기존 사원의 경우 1~2개조, 신입사원의 경우 3~4개조다.

토의나 토론을 잘하는 방법

토의나 토론을 잘하기 위해서는 세 가지가 갖추어져 있어야 한다.

- 책을 많이 읽고, 경험을 많이 하고, 대화를 많이 해야 한다.
- 대화나 토론의 형식과 절차를 잘 알고 있어야 한다.
- 인생철학, 역사관, 비전, 마음수양이 되어 있어야 한다.

글 쓰는 데에는 다음과 같은 방식이 있다.

- 두괄식: 이야기의 앞부분에 중심 문장(주제)
- 중괄식: 이야기의 가운데 중심 문장(주제)
- 미괄식: 이야기의 끝부분에 중심 문장(주제)
- 양괄식: 이야기의 맨 앞과 끝에 중심 문장(주제)
- 병괄식: 이야기의 중심 문장(주제)을 전체적으로 나열

토론을 잘하려면 두괄식으로 한다. 사람이 많을 때, 시간이 부족할 때, 공적인 자리일 때, 보고할 때는 두괄식으로 표현하는 것이 바람직하다. 대화를 잘하려면 단계식으로 한다. 단계식으로 말할 때는 사람이 적을 때, 시간이 많을 때, 사적인 자리일 때 등이다.

두괄식으로 말하지 못하는 이유는 다음과 같다. 첫째, 무용담을 자랑하고 싶거나 아는 것이 많아 청자를 무시하고 있는 사람(교수, 교사)일 경우 둘째, 가슴에 맺힌 한이 많거나 매사에 진지한 사람 셋째, 분명하게 말하면 싸우게 될까 봐 핑계를 대는 사람 넷째, 시간을 끌어 진실을 감추기 위해(청문회) 다섯째, 준비가 부족해서 정리가 안 되었거나 주위가 산만한 사람이 두괄식으로 잘 말하지 못한다.

두괄식으로 말하는 방법에는 두 가지가 있다. 첫째, 요지는, 왜냐하면, 예컨대, 그래서 둘째, 두 가지를 말씀드리겠습니다, 세 가지를 말씀드리겠습니다. 첫 번째의 경우 '요지는'은 동기적 논증을 먼저 말한다. 이것은 자신의 주장이나 의견을 분명히 하는 것이다. '왜냐하면'은 본질적 논증이다. 즉, 주장의 이유나 근거를 말한다. '예컨대'는 권위적 논증이다. 이는 사례와 증거를 제시하는 것이다. '그래서'는 Summary(앞 말의 요약), Conclusion(한 단계 더 나아감)으로 마지막으로 주장의 결론을 내는 단계다. 두 번째의 경우는 여러 가지를 몇 가지로 종합하여 아무리 복잡해도 두세 가지로 묶어야 하는 종합적 사고능력이 필요하며, 한 가지를 가지고 두세 가지로 말하는 것, 즉 분석적 사고 능력이 필요하므로 "두 가지만 또는 세 가지만 말씀드리겠습니다."라고 표현하는 것이 좋다. 단계식으로 말하는 방법으로는 문제, 원인, 계획(3단계), 사실, 가지, 의지(3단계), 기, 승, 전, 결(4단계), 도입, 진술, 논증, 반론, 결어(5단계) 등이 있다. 두괄식으로 말해야 하는데 단계식으로 말할 경우 지루하며 단계식으로 말해야 하는데 두괄식으로 말할 경우 생뚱 맞다.

11 문제중심학습

문제중심학습의 개념

문제중심학습(Problem-Based Learning: PBL)은 1969년 캐나다 McMaster 의과대학에서 Barrows가 기존 교육방법에 문제를 제기하면서 시작되었다. 그는 의과대학에서 이루어져야 하는 교육의 세 가지 요소를 지식, 지식의 활용능력, 미래에 직면할 문제에 적절히 대응할 수 있는 능력으로 보고 이를 위한 교육방법을 개발하였다. 의과대학에서 하나의 교육방법으로 시작된 문제중심학습이 이제는 경영, 교육, 건축, 법학, 공학, 경제 및 사회사업 등 다양한 분야에서 전문적인 프로그램으로 활용되고 있다. 이러한 Barrows의 문제중심학습 방식이 Duffy에 의해 구성주의적 교육목표와 방향과 일치하면서 널리 활용되고 있다.

문제중심학습이란, 구성주의적 원칙을 적용한 학습설계모형으로서 교수자에 의해 제시된 문제를 협동적으로 해결하기 위해 학습자들이 소그룹으로 편성되어 그룹토론과 같은 활동을 통해 실제의 문제나 가상적인 문제를 놓고 원인규명, 해결방법 모색, 최선안의 선정, 실천계획 수립 등 4단계로 진행하는 교육훈련 기법이다.

문제중심학습의 절차

문제중심학습을 전개하는 방법은 다음과 같다. 첫째, 교수자나 촉진자는 해결해야 할 문제를 선정한다. 문제를 선정할 때에는 ① 학습자의 내적인 동기유발이나 학습에 적극 참여할 수 있도록 하기 위하여 학습자들의 실제 생활과 밀접한 관련이 있는 문제를 선정하는 것이 바람직하다. ② 다양한 해결방안이 나올 수 있는 문제가 좋다. ③ 학습자들이 도전의식을 느낄 수 있고 동시에 깊은 사고를 요구하는 문제가 바람직하다.

둘째, 그룹 편성 및 Ice Breaking을 한다. 문제를 해결해 나갈 그룹을 선정한다. 보통 5~7명 정도로 편성하는 것이 좋다. 처음 그룹이 편성되면 그룹 구성원 상호 간에 친숙해질 수 있는 시간을 마련하는 것이 좋다. 앞으로 문제를 같이 해결해 나갈 구성원이기 때문에 서로 서먹서먹하다든지 편안하지 않으면 자유롭게 말하거나 토론을 할 수 없다. 따라서 구성원 간의 친밀감을 느끼고 격려하는 분위기를 조성해 주는 것이 필요하다.

셋째, 문제해결을 위한 첫 번째 그룹활동을 한다. 그룹에서 학습목표를 설정하고 학습안건을 선정하는 것이다. 이때 사전준비가 없이 문제가 주어진다. 학습자들은 주어진 문제를 어떻게 해결할 것인가에 대하여 모두가 동의하는 과제와 목적을 정하고 이에 따른 가설을 설정한다. 또한 이 단계에서 구성원 각자의 역할을 분담한다. 예를 들면, 그룹의 장이나 기록자, 모임의 시간, 장소, 인원, 주요사항 등을 모두 이 단계에서 정한다. 한마디로 앞으로 학습해야 할 과제 전반을 육하원칙에 의해 정해 보는 시간이라고 보면 된다.

넷째, 자기주도 학습기간을 둔다. 구성원들이 각각 주어진 과제를 개별적으로 해결한다. 즉, 다양한 자료를 준비할 시간을 준다. 문제를 해결하기 위해 현재 자신의 상태와 나아갈 방향 등을 중심으로 자아성찰을 하는 시간이다.

다섯째, 문제해결을 위한 두 번째 그룹활동을 한다. 즉, 개별적으로 준비한 학습자료를 공유하고 학습안건을 재분석한다. 구성원들은 각자 수집한 정보와 학습내용을 그룹에서 재평가해 보는 시간을 갖는다. 또한 정보를 수집할 때 어려움, 모아진 자료들을 대상으로 정보의 신뢰성, 최신성, 타당성, 출처 등에 관한 평가도 이 단계에서 한다. 이러한 과정을 거쳐서 자료에 따라 학습안건을 다시 분석하고 배운 내용을 요약할 수 있다. 만약 자료나 내용이 빈약하다면 개별적으로 학습하는 단계를 다시 한 번 거치게 한다.

여섯째, 토론결과를 발표한다. 각 그룹 구성원들이 해결한 내용을 공유하는 단계다. 이 단계에서는 프레젠테이션 능력을 기른다.

일곱째, 평가한다. 구성원 스스로 평가를 한 번 하고 동료 간의 평가도 한다. 본인이 내린 평가에 대해서 다른 구성원들이 조언해 준다. 평가 단계를 통해 학습의 과정을 반성해 본다.

⑫ 실천학습

실천학습의 개념

실천학습(Action Learning: AL)은 영국의 Reg Revan에 의해서 최초로 개발되었다. 실제 상황에서 경영성과와 직결되는 이슈 혹은 과제를 팀 구성원들이 직접 해결하고, 이 경험을 동료 참가자 및 학습 촉진 코치와 함께 성찰함으로써 개인의 능력과 조직의 성과를 동시에 향상시킬 수 있는 학습기법이다. 기존의 지식에 대해 새롭게 문제를 제기해 보고 그러한 문제를 해결하는 과정에서 또는 그 이후에 나타나는 행동들에 대해 성찰해 보는 것이다. 즉, 실천학습은 현장에서 직접경험이나 행동을 통해서 학습하는 방법이다. 팀의 문제는 구성원들이 그것을 해결하였을 때 배움의 도구가 될 수 있다고 가정한다. 행동과 결과에 대한 분석을 통해서 구성원들은 문제에 대한 지식을 넓힐 수 있다.

실천학습 프로그램의 구성요소

첫째, 문제는 개인, 팀 또는 기업에 중대한 의미를 갖는 문제, 즉 프로젝트나 해결과제들을 중심으로 진행된다. 해결책을 쉽게 찾을 수 없는 조직의 문제해결을 위주로 한다.

둘째, 그룹은 실천학습의 핵심주체다. 세트 또는 팀이라고도 한다. 통상 4~8명으로 구성된다.

셋째, 질의 및 성찰과정이다. 적절한 답변보다 적절한 질문에 중점을 둔다. 즉, 질문의 제기 → 문제의 성격 파악 → 해결방안의 검토 및 성찰의 과정을 거친다. 과제수행 중 개인별, 팀별로 일일학습 정리를 위해 과정목적에 관련된 질문으로 구성된 일지 준비 및 작성을 유도하게 된다. 주요 질문내용은 다음과 같은 것이 있다. 사람과 관련된 질문으로 '오늘 내가 만난 사람 중 내게 영향을 준 사람은 누구였는가? 그 이유는? 오고간 이야기 내용의 수준은 어떠했는가? 내가 부정적으로 반응하게 된 사람들에게는 특정 성격유형이 있는가? 나는 오늘 상대방에게 부정적 인상을 주었는가? 올바르지 않은 행동은 무엇이었는가?' 와 같은 질문을 하게 된다. 다음으로 생각이나 착안과 관련된 질문으로 '내가 표출한 생각 및 착안 가운데 어느 것이

인상적이었는가? 그것에 대해 나는 어떻게 구체화할 것인가?' 와 같은 질문이 있다. 각종 활동과 관련된 질문으로는 '모임, 집합교육, 면담 등을 고려할 때 각각으로부터 배운 것은 무엇인가? 향후 유사 활동이 있다면 나의 행동을 어떻게 수정할 것인가?' 와 같은 질문이 있다. 마지막으로 향후 학습계획과 관련된 질문이 있다. '향후 어떤 학습기회가 있다고 보는가? 그 기회를 통해 무엇을 배우고자 하는가? 학습을 어떻게 실천할 것인가?' 와 같은 질문이 있을 수 있다.

넷째, 실행의지다. 행동 없는 학습은 불가능하다. 아이디어나 계획을 직접 실행해 보기 전까지는 그 효과를 확인할 수 없다. 따라서 일정한 과제를 현업에서 직접 수행해 보게 하는 것이다.

다섯째, 학습의지다. 실천학습에 참여하는 구성원들은 학습에 대한 의지가 다른 사람보다 강해야 한다. 학습과 행동이 똑같은 비중을 차지한다.

여섯째, 촉진자다. 그룹의 구성원들이 자신들의 학습을 생각해 볼 수 있는 충분한 시간을 가질 수 있도록 진행속도를 조절하는 역할, 문제에 익숙한 조직구성원이나 전문가이어야 한다. 우수한 촉진자가 있어야 한다.

실천학습의 절차

- 실천학습의 환경을 조성한다.
- 문제에 대한 학습 팀을 선발한다.
- 학습 팀의 규칙을 확정한다.
- 학습 팀은 문제상황에 대한 공통적인 진단을 위해 노력한다.

즉, 정보를 모으고 정보의 질을 분석한다.

- 학습 팀은 행동을 계획한다. 행동계획의 예상되는 결과에 대한 기대들을 확인한다.
- 현장 학습 팀이 계획된 선택들을 실행한다. 각 팀이 학습에 참여하는 단계다.
- 학습 팀이 결과를 검토한다. 비판적으로 반성하거나 새로운 선택들을 만들어 낸다.
- 주요한 성공요인들을 평가한다.

⑬ 이해촉진 테스트

이해촉진 테스트(Concept Clarification Test: CCT)는 강사가 강의 시작 시 학습 진단용으로 사용할 수 있고 학습 종료 시 이해를 촉진시키기 위해서 활용할 수도 있으며, 또한 학습자들의 팀 시너지를 알아보기 위해 활용할 수도 있다.

이해촉진 테스트의 개념

CCT라는 것은 테스트라는 명칭이 붙어 있지만 오히려 테스트 방식을 이용한 연수기법의 일종으로 이해촉진을 위한 보조기법으로 활용되고 있다.

연수기법은 강의를 중심으로 한 것과 체험학습을 중심으로 한 것으로 대별할 수 있는데, CCT는 새로운 스타일의 체험학습 방식이라고 할 수 있다. 즉, CCT는 말 그대로 개념명료화 시험 또는 이해촉진 테스트로서 활용할 수 있다.

이해촉진 테스트의 활용목적

- 집단회의에 의해 학습내용의 이해를 촉진시킨다.
- 이해하는 데 애매한 점이나 불명료한 개념을 명확히 한다.
- 이해하기에 불투명한 점을 발견한다.
- 팀 활동의 기본이나 집단회의의 효율을 인식시킨다.
- 합의의 중요성을 인식시킨다.
- 피드백 기법을 활용하기 위한 장을 만든다.

이해촉진 테스트의 진행방법

- 대체로 과정이 끝난 후에 실시한다.
- 개인별로 시험을 한 번 친다.
- 개인별로 시험을 친 후 팀별로 똑같은 시험문제를 다시 한 번 친다. 이때 팀별 정답을 맞히는 과정에서의 유의점을 설명해 준다. 즉, 다수결에 의해서 하지 말고 전원이 참가하여 정답을 맞힌다. 잘하는 한 사람이 일방적으로 정답을 맞히지 말고 서로 왜 그 정답이 맞고 틀리는지를 토론한 다음에 전원 합의에 의해 정답을 맞힌다. 이때에는 노트나 책을 가지고 시험을 보도록 한다.
- 정답 제시
- 그룹효율의 분석과 비교
- 오답항목의 추가강의 및 해설

⇨ 이해촉진 테스트의 예

조	개인최고	개인최저	개인평균	팀 점수	팀 효율
1조	17	14	15.3	17	36
2조	18	16	16.75	19	69
3조	17	13	15.2	17	37
4조	18	17	17.3	17	−11

$$팀\ 효율 = \frac{팀점수 - 개인평균}{총점 - 개인평균} \times 100$$

프레젠테이션 스킬

1. 강의를 효과적으로 하는 방법

인사를 할 때는 우선 말을 먼저 하고 인사하는 것이 바람직하다. 즉, "안녕하십니까? 저는 하이컨설팅에서 온 윤옥한입니다."라고 말한 후 인사한다. 인사를 먼저 하고 말을 하는 경우 다른 행동을 하고 있던 청중들은 모를 수가 있다. 그러므로 말로써 청중들을 집중시킨 후 인사하는 것이 좋다. 인사와 말을 동시에 하는 것은 좋지 않다. 그리고 인사를 한 후에는 반드시 청중들이 박수 칠 시간을 준다. 처음 강의를 시작할 때 가운데 나와서 인사를 하고 끝날 때도 가운데 나와서 인사를 하고 마친다.

강의할 때 떨리지 않게 하는 방법이 있다. 사람이 언제 두렵고 떨리는가? 캐나다 토론토 대학교에서 조사한 결과 100명 중 60명 정도가 청중 앞에 섰을 때라고 대답했다고 한다. 청중 앞에 서면 떨리는 사람들이 많이 있다. 이때 떨지 않게 하는 방법이 있다.

- 많이 떨어 본다. 많이 떨어 보면 떨리는 것들을 다 떨어 버리기 때문에 덜 떨린다. 즉, 청중 앞에 많이 서 보아야 한다. 청중 앞에 많이 서 보면 자신이 언제 어떻게 떨리는지 느끼게 된다.
- 처음 시작을 준비해서 한다. 청중 앞에 섰을 때 언제 떨리는가? 대부분 처음 시작할 때 많이 떨린다. 그렇기 때문에 처음 시작을 외워서 한다. 처음 5분 관리를 하라는 것이다. 처음 시작하는 말을 준비해 두었다가 그 말로 시작하면 덜 떨린다.
- 가장 호의적인 사람과 눈 마주침을 한다. 대화법에서는 눈 마주침이 중요한데 처음부터 골고루 보면 떨리게 된다. 나에게 시선을 집중하는 사람과 집중하지 않는 사람이 있다. 그런데 집중하지 않는 사람을 보면 더 떨릴 수 있다. 처음 시작할 때에는 나에게 호의적인 반응, 집중을 잘하는 사람과 눈 마주침을 한 후 마음이 안정되면 골고루 시선을 준다.
- 철저한 준비를 한다. 준비 없이 청중 앞에 서면 떨리게 마련이다. 철저한 준비를 했을 때 덜 떨릴 뿐만 아니라 자신감도 생긴다.
- 이미지 훈련을 한다. 철저한 준비를 하는데 실제 그 장소에 가서 할 수는 없다. 이미지 훈련은 실제 훈련하는 효과와 비슷한 효과를 낸다고 한다. 그래서 운동선수들이 실제 훈련 못지않게

이미지 훈련을 많이 한다. 강의도 마찬가지다. 머릿속으로 문을 열고 들어갈 때 어떻게 들어가고, 첫 말은 어떻게 시작하고, 전개는 어떻게 하고, 마무리는 어떻게 할지 연습한다.

- 자신감을 갖는다. 철저한 준비와 이미지 훈련을 많이 하면 자신감이 생긴다. 그리고 스스로 잘할 수 있다는 생각을 반복하여 가진다.

- 복식호흡을 한다. 긴장을 하게 되면 심호흡을 많이 한다. 복식호흡을 많이 하면 덜 떨리게 된다.

- 비합리적인 사고방식을 버린다. 비합리적인 사고방식이란, 발표를 하거나 강의를 할 때 한 번도 실수를 하지 않아야 한다는 생각이다. 사람은 실수할 때도 있다. 단지 실수를 한 후에 어떻게 대처할 것인가를 생각해 두면 오히려 더 잘할 수 있다. 청중 앞에 섰을 때 완벽하게 해야 한다는 강박관념은 비합리적인 생각이다. 이것을 버릴 때 더 자연스럽게 할 수 있다.

① 시선

시선의 사각지대는 어디인가? 강의실 양쪽 구석과 강사 바로 앞이다. 등잔 밑이 어둡다는 말이 있다. 학교 다닐 때 커닝하기 제일 좋은 장소는 어디인가? 교탁 바로 앞에 있는 학생은 교사의 감시대상에서 주로 제외된다.

- 시선은 항상 학습자를 향해야 한다.

- 창 밖을 보는 것은 좋지 않다.
- 한 곳만 바라보는 것은 피해야 한다.
- 시선 교환은 일대일로 하는 것이 좋다.
- 시선을 다른 곳으로 이동할 때에는 한 문장이 끝나는 시점에서 하는 것이 바람직하다.
- 시선의 사각지대인 곳을 의식적으로 처다본다.
- 시선은 항상 학습자들과 함께하며 시선 안배도 모든 학습자들에게 골고루 한다.
- 눈의 방향이 학습자를 향하지 않으면 의사전달은 실패하고 만다. 학습자를 골고루 보면서 eye to eye communication을 이루어 나간다.
- 시선을 맞추라는 것은 눈을 똑바로 보라는 것이 아니다. 똑바로 처다보면 노려보는 것으로 오해할 소지가 있다. 그리고 여성 학습자일 경우 계속 처다보는 것은 성희롱이 될 수 있다.
- 눈을 마주치는 것은 사실 힘든 경우가 많다. 이때는 눈을 직접적으로 보는 것이 아니라 양 미간 사이를 보면 된다. 그러면 상대방의 눈을 처다보는 것과 같은 효과를 낼 수 있다.
- 눈맞춤의 경우 처음에는 자신에게 호감을 보이는 학습자 또는 긍정적인 신호를 보내는 사람과 하면서 차츰 전체 학습자에게 눈맞춤을 해 나가면 덜 부담스럽게 진행할 수 있다.

② 자세

강단에 서는 순간부터 강사는 기본적으로 자기의 몸가짐에 대하여 관심을 가져야 한다. 변화 있는 몸가짐으로 적절히 움직이되, 성실한 태도로 자연스럽고 바른 자세를 유지해야 한다. 다음은 강사가 피해야 할 자세다.

- 손 비틀기, 몸 비틀기
- 머리 만지기
- 교탁을 잡고 몸을 앞으로 수그리는 것
- 주머니에 손을 넣는 것
- 한 자리에 서서 한 시간 내내 움직이지 않는 것
- 다리를 벌리고 있는 것
- 교탁을 두 손으로 잡고 있는 것
- 허리를 잡는 것
- 팔 처리가 부자연스러워 어쩔 줄 몰라하거나 팔짱을 끼거나 주머니에 손을 넣거나 만지작거리는 것(마커펜을 잡고 있든지 하면 안정될 수 있다. 이때 쓰고 난 후 반드시 닫아 두는 것이 좋다)
- 교탁이나 다른 곳에 기대는 것
- 뒷짐 지는 것
- 몸을 앞뒤로 흔드는 것

③ 몸짓

몸짓, 즉 제스처는 강의에서 필요 불가결한 요소다. 또한 몸짓은 강의에 활력소가 된다. 단순한 손놀림이나 몸짓이 아닌, 말을 보충하거나 강조하는 것으로 단조로움을 없앤다는 의식적인 동작을 사용해야 한다. 몸의 움직임은 보통 화제가 바뀔 때 하는 것이 좋다. 움직이라고 해서 정신없이 왔다갔다하면 오히려 혼란스럽다. 이러한 몸짓 또는 손동작은 좀 크게 하는 것이 좋다. 만약 보름달을 표현한다면 허리춤의 보름달이 아니라 머리 위의 보름달로 그린다든지 하는 것이 좋다. "동산 위에 보름달이 떴습니다."라고 한다면, 허리 밑에서 보름달을 그리는 것보다는 머리 위에서 보름달을 그리는 것이 훨씬 좋다는 것이다. 손을 비빈다든지, 손가락을 맞부딪친다든지, 손을 비비 꼰다든지 하는 자세는 좋지 않다. 또한 손짓을 마음에 드는 학습자에게 고정하는 것도 좋지 않다.

④ 버릇

강의 도중 강사의 쓸데없는 버릇은 학습자에게 흐린 인상을 주거나 주의를 산만하게 한다. '에' 하는 소리를 너무 자주 하거나, 계속 코를 만지는 버릇 등은 고쳐야 한다. 잘못된 버릇으로 간투어를 사용하는 예가 있다. 필자가 근무하는 연수원에는 CCTV가 설치되어 있다. 하루는 신입사원 교육을 모니터하는데, 한 친구가 아주 열심히 뭔가를 체크하는 것이 눈에 띄었다. 자세히 보니 '바를 정' 자, 즉

'正' 자를 30개 정도 노트에 표시해 놓은 것이다. 교육이 끝난 후 그 친구를 불러서 물어보았다. 그 친구가 말하기를, 강사가 '엉' 하는 소리를 체크한 것이라고 했다. 이 학습자는 특강 두 시간 동안 무엇을 들었는가? 두 시간 내내 '엉' 만 들었다는 것이다. 이와 같이 간투어는 학습효과를 떨어뜨린다.

피식 웃는 것도 좋지 않다. 말을 하다가 할 말이 없거나 쑥스러울 때 피식 웃는 경우가 많이 있는데, 이것은 좋지 않은 버릇이다. 순간적인 부끄러움을 해소하기 위해 피식 웃는 경우도 있는데, 고쳐야 할 습관이다.

⑤ 마이크 사용법

- 말을 잘하는 사람도 마이크 사용이 서툴러 학습효과가 반감되는 경우가 더러 있다. 이를테면 마이크를 사용할 때 노래방 스타일로 사용하는 것이다. 마이크 줄을 손에 감아서 노래 부르는 스타일로 잡고 입에 가까이 대고 강의하는 것은 피해야 한다.
- 우리나라 사람들이 마이크를 사용할 때 자주 하는 행동은 '아아' '후후' '툭툭' 치는 것들이다. 이런 행동들은 좋지 않다.
- 마이크의 성능이 좋을수록 강사의 목소리는 증폭된다.
- 마이크를 사용할 때는 절대로 고함을 지르거나 외쳐서는 안 된다.
- 입을 마이크에 가까이 대지 않는다. 마이크가 없다는 생각으로 자연스럽게 말한다.

- 마이크에 치중해 자세 및 시선이 한쪽으로 고정되지 않도록 한다.
- 마이크 앞에서 몸의 움직임을 크게 한다든가, 얼굴을 돌려 칠판을 본다든가 하면 그때마다 갑자기 마이크에 들어가는 소리가 작아진다. 또 마이크에 얼굴을 가까이 대면 자신은 잘 모르지만 갑자기 목소리가 커진다든가 하여 학습자들이 알아듣기 곤란하게 된다.
- 마이크는 강사에게 아주 편리한 무기이지만 동시에 강사의 결점을 충실하게 알려 주는 도구이기도 하다. 애매한 발음이라든가 묘한 표현이 그대로 확대되어 전달되므로 조심해야 한다.

⑥ 시정해야 할 태도

뽐내는 태도

뽐내는 태도는 언제 많이 나타나는가? 자신감이 있을 때다. 강의 준비를 철저히 했다든지 또는 그 분야에 경험이 많고 풍부한 지식이 있을 경우에 이러한 태도가 많이 나온다. 자신감이 있을수록 겸손해질 필요가 있다.

뽐내는 태도는 청중의 반감을 일으킨다. '가르쳐 준다'는 것을 무의식중에 나타내 보이는 태도가 되기 때문이다. 학습자들이 뽐내는 태도로 인식하는 것에는 다음과 같은 것들이 있다.

- 손을 뒤로 돌려 뒷짐을 진다.
- 몸을 뒤로 젖힌다.

- 주머니에 손을 넣고 이야기한다.
- 팔짱을 낀다.

비굴한 태도

뽐내는 태도와는 반대로 비굴한 태도는 언제 많이 나타나는가? 강의에 자신이 없거나, 준비가 소홀하거나, 학습자들이 자기보다 더 많은 경험이나 학식을 가지고 있다고 판단될 경우에 이러한 태도가 나타난다. 그러나 강사는 뽐내는 태도보다 비굴한 태도를 더 삼가야 한다. 예를 들면, "저는 이 분야의 전문가도 아니고 사실은 아는 것도 별로 없는데, 누가 부탁해서 어쩔 수 없이 강의를 하게 되었습니다."와 같은 표현은 좋지 않다. 이렇게 표현하면 학습자들은 마음속으로 '저 사람, 그럼 왜 왔어?' 라고 생각하게 된다. 다음과 같은 비굴한 태도는 청중으로부터 경멸을 받는다.

- 몸을 굽신거리며 강의한다.
- 자신의 입장을 너무 낮춘다.
- 수강자나 청중을 바라보지 않는다.
- 교탁에 턱을 대고 두 손을 짚는다.

침착하지 못한 태도

대부분의 사람은 남 앞에 서면 얼굴이 창백해지고 약간 두근거리는 것이 보통이다. 누구나 청중 앞에 처음 서면 떨리게 된다. 떨리는 것을 없애는 방법은 많이 떨어 보면 된다. 자기만 소심하다는 생각을 빨리 잊고 자신감을 갖는 것이 중요하다. 침착하지 못한 태도에는 다음과 같은 것들이 있다.

- 몸을 흔든다.
- 시선을 자주 이리저리 옮긴다.
- 분필이나 칠판 지우개 등을 자주 들었다났다 한다.
- 교단에서 자주 왔다갔다 한다.

7 시간관리

강사에게 가장 어려운 것 중의 하나가 정해진 시간에 강의를 끝내는 것이다. 할 이야기를 너무 빨리 끝내 시간이 남는 경우도 있지만 시간을 초과하는 강사가 더 많다. 시간관리는 교안에 철저하게 구분되어 있어야 하며 예상치 못한 시간 지연이나 부족을 감안해서 대책까지 마련해 두어야 한다.

시간이 부족할 때
- 강의 중 10분 정도 간격으로 교안에 적혀 있는 예정시간과 실제 시간을 비교하면서 적절히 조정해 나가야 한다.
- 강의를 준비할 때 80~90% 정도로 내용을 줄여서 구성하며 필요에 따라 삽입 또는 생략하여 진행한다.
- 강의시간이 끝났음에도 불구하고 준비해 온 것이니까 끝까지 다 해야 한다는 식으로 하는 것은 좋지 않다. 아무리 좋은 내용

이라도 정해진 시간에 끝내는 것이 학습자나 다음 강사에 대한 배려다.

- 학습자들의 휴식시간, 쉬는 시간, 수면시간을 침해해서는 안 된다. 아무리 좋은 강의라도 효과가 떨어진다.
- 학습자들이 시간 부족을 간파하지 못하게 중간중간에 시간을 적절히 배분하여 강의하는 것도 강사의 능력이다. 적절히 배분했음에도 불구하고 마지막 중요한 내용을 전달해야 할 경우가 있다면 먼저 학습자들에게 양해를 구하고 아주 간단하게 정리해서 전달하거나 자료로 대치하는 것도 방법이다.

시간이 남을 경우

시간이 남을 경우 어떻게 해야 하는가? 1시간 강의에 30분 하고 30분 남을 경우 "그냥 쉬세요." 하면 너무 성의가 없어 보인다.

- 시간이 많이 남을 때는 그 시간에 배운 내용을 정리하도록 하거나, 몇 개 그룹으로 나누어 의견을 발표하도록 한다.
- 강의내용에 대한 질문을 받아 학습자들과 토의시간을 갖는다.
- 시간이 남을 경우를 대비하여 사전에 강의할 시간보다 더 많은 준비를 할 뿐만 아니라 항상 강의와 관련된 추가자료를 준비해서 강의에 임한다.
- 토론할 내용을 미리 준비해 둔다.

⑧ 주의력 집중요령

강의기법의 핵심은 학습자들의 주의를 집중시키는 데 있다. 효과적인 주의력 집중요령은 다음과 같다.

- 학습자가 직접 몸을 움직여야 하는 실습, role-playing 등을 강의와 자연스럽게 연결시킨다.
- 활기찬 목소리로 신나게 강의하며 어조의 강약, 완급을 변화 있게 구사한다.
- 학습자에게 적절한 질문을 던져 긴장이완을 방지한다.
- 강조할 때 제스처를 쓰거나 판서를 함으로써 주의집중을 유도한다.
- 유머, 수수께끼 등을 활용한다.

- 심각한 이야기, 진기한 사례를 소개한다.
- 강단 위에서 적당히 자리를 옮기거나 또는 교단에서 내려와 학습자와의 접촉을 시도하는 등 교단 연출을 시도한다. 강의장 한가운데 서서 자연스럽게 강의하는 데 보통 3년이 걸린다고 한다.
- 시청각교육 보조자료를 활용한다.
- 내용에 따라 학습자의 복창을 요구한다.
- 토론을 하게 한다.
- 책을 읽게 한다.

⑨ OHP 사용법

OHP를 잘 활용하기 위해서는 다음과 같은 것을 주의해야 한다.

- 필름을 올려 놓고 OHP를 켠다.
- 끄고 나서 OHP 필름을 제거한다.
- 장시간 OHP를 사용하지 않는다.
- 지시봉 또는 Q를 사용한다.
- 화면에 신체 일부분이 비춰지지 않도록 한다.
- 청중을 보면서 설명한다.
- 알맞는 내용, 글자 크기를 사용한다.
- pointer를 늘렸다줄였다 하지 않는다.
- OHP는 그냥 사용하는 것보다 OHP 마운트를 사용한다.

- OHP 작성 시 상하좌우를 적절히 띄어서 작성한다.
- OHP 설명 시 중요점을 가려 두거나 한쪽 부분을 보이지 않게 가리는 방법을 사용하여 설명한다.
- 연속되는 부분은 OHP 기계를 껐다켰다 하지 말고 자연스럽게 올려 놓는다.
- OHP에 쓰는 글씨는 너무 작게 하지 않는다. 즉, 교재를 그대로 복사하는 것은 지양한다.

⑩ PPT 작성법

- 핵심 메시지를 도출한다.
- 숫자, 통계 자료를 적극적으로 활용한다.
- 동영상, 플래시, 그림을 활용한다(멀티미디어 활용).
- 시각적 일관성을 유지한다(한 장의 화면에 3~4색).
- 중요한 곳, 강조한 곳은 별도로 표시한다.
- 색이나 글꼴 등 특수 효과를 남용하지 않는다.
- 매직넘버 7의 원칙(한 화면에 메시지가 5~9개가 적당함)
- One page One Message 원칙
- 오탈자를 확인한다.
- Kill(Keep It large Legible, 크고 읽기 쉽게), Kiss(Keep It Simple & Short, 간결하고 짧게)

11 판서요령

판서의 의미와 기능

강사의 교수활동과 학습자의 학습활동이 이루어지는 교육현장에서 교재나 기타 모든 교육내용을 학습자들이 수용하는 데 중요한 역할을 하는 것이 판서다.

- 판서는 시각에 호소하기 때문에 말보다 학습효과가 높다.
- 판서는 주의를 집중시킬 수 있다.
- 판서는 집단 사고의 장을 마련할 수 있다.
- 판서는 색채감을 나타낼 수 있고 다양한 구성이 가능하므로 학습의 흥미를 돋울 수 있다.
- 판서는 잔상의 작용으로 인상을 깊게 할 수 있다.
- 판서를 잘할 경우 강사의 능력을 돋보이게 할 수 있다.
- 판서를 통하여 강의의 흐름을 조절할 수 있다.
- 강사는 시간 관리용으로도 판서를 활용할 수 있다.

좋은 판서의 요건

- 명료하고 정확하게 할 것
- 계획적인 판서를 사전에 고려할 것
- 학습자 전체에게 잘 보이도록 할 것
- 바르고 빨리 할 것
- 학습자에게 등을 보이지 말 것

판서의 요령

- 어떤 내용을 칠판 어느 위치에 쓸 것인지 미리 예정해 놓는 것이 좋다.
- 글자는 정자로 짜임새 있게 써야 한다.
- 문자의 대소는 맨 뒤에 앉은 학습자에게도 똑똑히 보일 정도로 써야 한다.
- 학습을 진행시켜 가면서 판서하는 것을 원칙으로 한다. 판서하는 시간을 따로 정해서 하면 시간의 낭비와 학습자의 학습활동을 단절시키는 결과가 되기 쉽다.
- 강의 전에 미리 판서에 필요한 도구를 준비해 둔다.
- 판서한 내용 중 강의시간 내내 지우지 않을 내용과 썼다가 지울 내용을 구분한다.
- 주제는 좌측 상단에 약간 크게 써 놓고 끝까지 지우지 않으며 내용은 주제보다 약간 작게 쓴다.
- 기록해야 할 판서와 일상적인 판서를 구분하여 쓴다.
- 그림이나 도표는 우측 상단에 그린다.
- 판서할 부분이 반사되는 일이 없도록 위치를 잘 조절해야 한다.

〈표 5-1〉 칠판(화이트보드) 활용방법

정리용 칠판	토의용 칠판
큰 제목	질문내용 요약
• 의미 없는 공간을 두지 않는다.	• 낙서 비슷하게 활용한다.
• 천천히 써도 좋으니 또박또박 쓴다.	• 토의된 내용을 적는다.
• 반드시 학습자가 노트할 내용을 적는다.	• 빨리, 그리고 많이 쓰는 것을 활용한다.
	• 도표나 그림을 그린다.

말씨를 어떻게 하느냐에 따라 강사에 대한 평가가 달라질 수 있다. 주의사항을 살펴보면 다음과 같다.

- 목소리에는 감정이 전달되도록 한다. 화가 날 경우에는 화난 목소리로, 슬플 때는 슬픈 목소리로 감정이 느껴지게 하는 것이 좋다.
- 억양은 대화하듯이 하면 된다. 즉, 열통 터질 때는 열통 터지게 하면 된다. 그런데 강단에 섰을 때 목소리가 달라지는 것은 좋지 않다. 즉, 선거운동처럼 하는 것은 좋지 않다.
- 말의 속도가 너무 빠르거나 느린 것은 좋지 않다. 너무 빠른 경우 머리 나쁜 사람은 웃지도 못한다. 따라서 고저강약의 리듬, 스피드를 적절히 조절한다. 말의 속도는 보통 1분에 100~200단어가 적당하다.
- 가급적이면 표준말을 쓴다. 표준말이 되지 않을 경우에는 강의 시작 전에 본인이 사투리를 쓸 수밖에 없다는 것을 알려 주고 미리 양해를 구한다.
- 서두르지 않는다. 초보 강사들은 서두르는 경우가 많다. 또한 자신 있는 부분에서는 말이 더 빨라진다. 이러한 것을 잘 조절하는 것이 필요하다.
- 강의 중간중간에 인격손상을 줄 수 있는 언어는 피한다. 예를 들면, '그런 대답은 IQ 두 자리도 한다.' 는 등의 말은 피한다.

또한 종교적 편견, 직업적 편견의 경우 지금 이 자리에는 그러한 종교나 직업을 가진 사람이 없더라도 가족 중에 있을 수도 있으므로 피해야 한다.

- 바른 발음과 표현을 하기 위해 노력한다. 예를 들면, 경제를 '갱제'로, 학교를 '핵교'로, 밀가루를 '밀가리'로 표현하는 것은 고쳐야 한다. 그러나 사투리는 하루 아침에 고쳐지지 않기 때문에 쉽지 않다.
- 지나친 겸손은 금물이다.
- 접속사 이용을 잘한다. 명강사와 그렇지 못한 강사의 차이는 '그리고, 그래서, 그러므로, 따라서, 결국, 하지만' 등과 같은 표현을 아주 잘 구사하느냐, 그렇지 못하느냐에 달려 있다고 해도 과언이 아니다. 앞뒤 내용을 잘 연결하기 위해서는 접속사를 잘 구사하는 것이 중요하다.
- 떨릴 때는 말을 천천히 한다.
- 문어체보다는 구어체를 사용한다.
- 어려운 말은 발음훈련을 한다.

13 좋은 목소리 관리방법

좋은 목소리를 내기 위해서는 다음과 같이 한다.

- 자세를 바르게 한다. 좋은 목소리는 좋은 자세에서 나온다. 자세가 바르지 않으면 목소리가 제대로 나오지 않는다. 좋은 목소

리를 내기 위한 첫째 훈련은 스트레칭을 하는 것이다. 몸 풀기 스트레칭을 한 후 발성 연습을 한다. 먼저 몸 풀기 스트레칭을 한 후, 자세 풀기로 바로 앉는 훈련을 한다. 그런 다음 입술 풀기를 한다. 입술 풀기 방법은 푸우~~~를 반복 훈련하는 것이다. 다음으로 혀 풀기 연습을 한다. 혀 풀기 연습은 아르르르~~~를 반복 연습하면 된다.

• 흉식호흡을 하지 말고 복식호흡을 한다. 복식호흡을 하는 방법은 다음과 같다. 첫째, 호흡 마시고 내뱉기를 처음 연습할 때는 코로 들이마시고 입으로 내뱉는다. 둘째, 코와 입으로 동시에 호흡을 들이마시고 입으로 내뱉는다. 셋째, 코로 들이마신 호흡을 배로 적당히 힘을 줘서 풍선처럼 부풀린 상태로 배를 잡는다. 10초 정도 속으로 참고 있다가 '스' 라는 발음과 함께 윗니와 혀 사이로 '스' 라는 소리를 낸다. 그다음 '예', 다음 '예'~ 예~ 예~ 예~ 예~ 빠르게 끊어 주면서(배의 움직임을 느낌) '아에 이오우' 등으로 연습한다. 넷째, 이런 연습을 한 후 숨을 쉬지 않고 국민교육헌장 등을 어디까지 읽을 수 있는지 연습한다.

• 정확한 발음훈련을 한다. 첫째, '가, 갸, 거, 겨, 고, 교, 구, 규, 그, 기' 등을 입술에 볼펜 같은 것을 물고 읽는 연습을 한다. 둘째, 신문을 매일 10분 이상 큰소리로 읽어 본다.

• 자신의 목소리를 들어 본다. 본인의 목소리를 녹음하여 들어 본다.

• 음성을 생동감 있고 다양하게 한다. 음성의 고저장단을 확인해 본다. 중요한 부분을 이야기할 때는 2초 쉬었다가 말한다. 음에

도 색이 있다. 즐거울 때는 밝은 목소리, 우울할 때는 우울한 목소리, 슬플 때는 슬픈 목소리 등 상황에 맞는 목소리가 나와야 한다.

• 닮고 싶은 목소리를 모방한다. 내가 꼭 닮고 싶은 목소리를 녹음하여 연습해 본다.

• 좋은 발성법으로 좋은 목소리를 내기 위해서는 안정된 상태에서 천천히 명확하게 말한다. 상대방이 듣기 쉬운 장소에서 말한다. 편하게 나오는 목소리로 말한다. 편하게 나오는 목소리로 노래한다. 넓은 곳이나 시끄러운 장소에서 말할 때는 마이크를 사용한다. 반면에 나쁜 발성법으로는 큰 소리로 말하거나 고함을 지르는 것, 힘을 주어 말하는 것, 운동을 하면서 목소리를 내는 것, 흥분하여 말하는 것, 빨리 말하는 것, 시끄러운 장소에서 말하는 것, 피로한 상태에서 말하는 것, 극단적으로 높거나 낮은 소리로 말하는 것, 감기 중에 목소리를 사용하는 것, 이상한 목소리 흉내를 내는 것 등이다.

• 음성도 관리가 필요하다. 좋은 목소리로 관리하기 위해서는 충분한 수면과 휴식을 취해야 하며, 카페인 음료를 삼간다. 금연할 뿐만 아니라 따뜻한 물을 많이 마시는 것도 도움이 된다.

✽ 들의 콩깍지는 깐 콩깍지인가 안 깐 콩깍지인가, 깐 콩깍지면 어떻고 안 깐 콩깍지면 어떠냐, 깐 콩깍지나 안 깐 콩깍지나 콩깍지는 콩깍지 인데.

✽ 상표 붙인 저 깡통은 깐 깡통인가 안 깐 깡통인가.

＊간장공장 공장장은 강 공장장이고, 된장공장 공장장은 공 공장장이다.

＊저기 있는 저 분이 박 법학박사이고, 여기 있는 이 분이 백 법학박사다.

＊멍멍이네 꿀꿀이는 멍멍 해도 꿀꿀 하고, 꿀꿀이네 멍멍이는 꿀꿀 해
도 멍멍 하네.

＊강낭콩 옆 빈 콩깍지는 완두콩 깐 빈 콩깍지이고, 완두콩 옆 빈 콩깍
지는 강낭콩 깐 빈 콩깍지다.

＊한양 양장점 옆 한영 양장점, 한영 양장점 옆 한양 양장점.

＊저기 있는 말뚝이 말 맬 말뚝이냐, 말 못 맬 말뚝이냐.

＊작년에 온 솥장수는 헌 솥장수이고, 금년에 온 솥장수는 새 솥장수다.

＊내가 그린 구름 그림은 새털구름 그린 그림이고, 네가 그린 구름 그림
은 뭉게구름 그린 그림이다.

＊중앙청 창살은 쌍창살이고, 시청 창살은 외창살이다.

＊사람이 사람이라고 다 사람인 줄 아는가, 사람이 사람구실을 해야 사
람이지.

＊옆집 팥죽은 붉은 팥 팥죽이고, 뒷집 콩죽은 검은 콩 콩죽이다.

이러한 어려운 발음훈련 외에 다음과 같은 말을 반복하면 말의 뒤
틀림이나 꼬임현상을 예방할 수 있다. 즉, '아, 야, 어, 여, 오, 요,
우, 유, 으, 이, 가, 갸, 거, 겨, 고, 교, 구, 규, 그, 기'와 같은 발음을
입을 최대한 크게 벌리고 강의 시작 전에 몇 번씩 하면 도움이 된다.

14 화법

화법에는 다음과 같은 것이 있다. 첫째, 간접화법이다. 예를 들면,

금연구역에서 흡연할 경우 "아니, 여기서 담배를 피우시면 어떡하십니까?" 이렇게 표현하는 것이 아니라 간접화법으로 "저쪽에 흡연실이 있습니다."라고 하면 간접적으로 여기서 담배를 피워서는 안 된다는 메시지를 주는 것이다.

둘째, 긍정화법이다. "이번에는 학생장이 발표하면 안 됩니다."라고 말하는 것이 아니라 "이번에는 지금까지 발표하지 않은 분 중에서 한 분이 발표하겠습니다."라고 말하는 것이다.

셋째, 플러스 화법이다. "이번 시간은 휴식시간이 없습니다. 대신에 저녁시간을 조금 당겨서 일찍 끝내겠습니다."라고 말하는 것이다. 즉, 상대방에게 이점을 설명해 주는 방식이다.

넷째, IF 화법이다. 예를 들면, "손님은 신용이 낮아서 대출해 줄 수 없습니다."와 같이 표현하는 것이 아니라 "손님께서는 신용등급을 조금만 높이시면 바로 대출이 가능합니다." 또는 "이 과장은 왜 맨날 지각이야."와 같이 표현하기보다는 "이 과장은 지각만 하지 않으면 정말 우수한 사원이야. 그렇지?"와 같이 표현하는 것이다.

다섯째, Yes But 화법이다. "점심시간에 우리 뭐 먹지? 자장면 먹자, 자장면."이라고 대화가 오고갈 경우 "자장면은 무슨 자장면이야. 이런 날씨에!" 이렇게 표현하는 것이 아니라 자신이 싫더라도 "자장면 좋지. 이런 날 먹으면 맛이 나지. 그렇지만 오늘은 분위기도 그런데, 칼국수 어때?"라고 표현하는 것이다.

여섯째, I-message 화법이다. 내 감정은 부정적인 상태이고 상대방은 긍정적인 상태일 경우 I-message 표현방식이 좋다. 예를 들면, 내가 신문을 보고 있는데, 아이들이 텔레비전을 크게 틀어 놓고 거실에서 왔다갔다 뛰어놀 경우 어떻게 표현해야 하나? 대부분 "텔레비전 꺼! 숙제 다 했어?"와 같이 감정적인 표현을 먼저 하는데, 그렇게 하지 말라는 것이다. 즉, 사실과 행동, 그리고 영향, 감정을 순서대로 표현하는 것이 I-message 표현방식이다. 예를 들면, "아빠가 신문 보고 있는데, 너희들이 텔레비전을 크게 틀어 놓고 왔다갔다하면(사실과 행동) 아빠 신문 보는 데 지장 있지?(영향) 텔레비전 소리 줄여!"(감정) 이렇게 표현하는 것이다.

일곱째, 칭찬하기 화법이다. 칭찬하는 방법은 구체적으로, 특징을 말하는 것이 아니라 장점을 말하며, 기억에 남도록, 너무 장황하게 하지 말고, 상대에 대한 배려와 관심을 갖고 말하는 것이다. 칭찬의 구체적인 방법으로는 대담 찬사법이 있다. 예를 들면, 40대 아주머니에게 "아주 젊어 보이시네요. 30대 같아요."라고 하기보다는 "20대 초반 같아요." 또는 "여고생 같아요."라고 대담하게 칭찬할 경우 기억에 남을 것이다. 단순 찬사법은 그냥 단순히 "예뻐 보이시네요."라고 말하는 것이다. "얼굴이 좋아 보이세요." "건강해 보이세요." 등과 같은 것이다. 호칭변경 찬사법은 이 과장이 학위를 땄을 경우 이 과장으로 부르기보다는 이 박사로 불러 준다든지 또는 식당에서 아줌마라고 하기보다는 사장님으로 부른다든지 하는 것이다. 감탄 찬사법은 상대방을 보고 감탄하는 것이다. "와! 웅! 어쩐지! 야!"와 같은 찬사법이다. 비유 찬사법은 "김희선처럼 이쁘다." "왕건처럼 리더십이 있어." "교수처럼 보여." 등과 같이 비유하여 찬사하는 방법이다. 이 방법을 쓸 때는 상대방의 기호를 잘 파악해서 해야 한다. 그렇지 않을 경우 오히려 역효과가 날 수도 있다. 소유물 찬사법은 갖고 있는 소유물 중에서 칭찬하는 것이다. "시계가 아주 세련되어 보이네요." "넥타이가 와이셔츠랑 잘 어울립니다." "양복이 잘 어울려요." 등과 같은 방법이다.

15 끊어읽기

강조해서 읽기를 잘해야 한다.

- **나는** 철수를 절대로 때리지 않았다.
- 나는 **철수를** 절대로 때리지 않았다.
- 나는 철수를 **절대로** 때리지 않았다.
- 나는 철수를 절대로 **때리지** 않았다.

- **아버지가** 방에 들어가신다.
- **아버지** 가방에 들어가신다.

오늘 사고는 **종합운동장 쪽으로** 달리던 택시가 중앙선을 넘어 마주 오던 승용차를 피하지 못해서 일어난 것입니다.

이렇게 읽을 경우 택시가 잘못한 것으로 해석할 수 있다. 그러나

오늘 사고는 종합운동장 쪽으로 달리던 택시가 **중앙선을** 넘어 마주 **오던 승용차를** 피하지 못해서 일어난 것입니다.

이렇게 읽을 경우 승용차가 잘못했다는 생각이 들게 된다. 이처럼 어떻게 끊어 읽느냐에 따라서 의미가 완전히 달라질 수 있다.

16 바람직한 촉진자

바람직한 촉진자(facilitator)의 역할은 다음과 같다.

- 진행 중인 사안들과 그룹에 대해 합리적이고 의도적인 조정을 가한다.
- 그룹에게 부여된 목표를 효과적으로 달성하도록 돕는다.
- 전적으로 아무 행위도 하지 않지만, 또한 전적으로 어떠한 사항도 미완성인 채로 두지 않는다.
- facilitator는 사람들이 그가 존재한다는 사실을 거의 깨닫지 못할 때가 최적의 상태다.
- 사람들이 facilitator의 말을 잘 따르고 그에게 환호하는 것은 좋은 현상이 아니며, 반대로 사람들이 facilitator를 무시하는 것은 더욱 좋지 않다.
- 사람을 존경하지 않으면 그들도 당신을 존경하지 않는다. 그러나 말을 그다지 하지 않는 훌륭한 조력자라면, 작업이 끝나고 임무가 수행되었을 때 사람들이 이렇게 이야기할 것이다. "이 일은 우리 스스로가 했지."라고 말하게 하는 것이다.

촉진자는 다음과 같은 때에 필요하다.

- 참가자들이 팀 활동에 소극적으로 참여할 때
- 회의가 너무 많아서 조정이 필요할 때
- 어떤 문제가 해결되지 않거나 너무 길어질 때
- 팀 활동의 목표가 부족할 때
- 목표에 대한 합의가 부족할 때
- 팀 활동에서 목표 또는 초점 변경이 빈번할 때
- 팀의 가용자원이 부족할 때
- 지배적인 구성원 또는 리더가 있을 때
- 해결되지 않은 불일치가 만연할 때
- 성격차이와 충돌이 있을 때
- 팀 활동의 목표 또는 결정의 합의가 잘되지 않을 때
- 팀 활동의 리더가 없을 때
- 리더의 리더십이 부족할 때
- 구성원 서로 간에 끼어들고 방해할 때
- 오래 지속된 차이점이 협력 부족을 야기할 때
- 문제를 너무 빨리, 그리고 비효과적으로 해결하려 할 때
- 부서, 조직에 파벌 대립이 존재할 때
- 개인적 의제가 구성원의 행위와 의견에 영향을 미칠 때
- 진정한 지원 없이 다른 사람의 결론에만 따를 때
- 결론과 행동은 기록하지 않고, 구성원들은 회의 중에 무슨 의견이 오고갔는지 명확히 알고 있지 않을 때

촉진자는 특정 분야에만 필요한 것이 아니라 모든 장소, 상황에

서 필요하다. 어떤 상황에서도 유능한 촉진자 1명만 있으면 성과는 높게 나타날 뿐만 아니라 분위기도 좋아진다. 그것이 바로 촉진자가 해야 할 역할이다. 말 그대로 어떤 상황에서도 촉진의 역할을 하는 것이다.

촉진자의 열 가지 역량은 다음과 같다.

- presenter
- active listener
- speaker
- time manager
- organizer
- risk taker
- human relation
- communication skill
- neutral & objective
- confidential

이 중 몇 가지 역량을 높이는 방법에 대해 살펴본다.

human relation　　　문제를 읽고 직관적으로 체크한다. 그리고 하고 싶은 것이 아닌 실제 내가 그렇게 하는 것을 위주로 체크한다. 예를 들어, 1번 나는 내가 생각하고 있는 바를 자신 있게 말한다에 보기를 보고 해당되는 점수를 부여한다.

설문내용	점수
1. 나는 내가 생각하고 있는 바를 자신 있게 말한다.	
2. 나는 상대방이 나를 비판할 때 자기변호를 하기보다는 귀를 기울이는 편이다.	
3. 나는 어떤 일에 대해 잘 모르는 것은 모른다고 확실히 말한다.	
4. 나는 다른 사람의 말에 대해 몸짓과 표정, 눈길로 관심을 잘 나타낸다.	
5. 나는 나 자신을 상대방에게 솔직하게 말하는 편이다.	
6. 나는 남이 무엇인가를 표현하려고 애쓸 때 그것을 도와주는 편이다.	
7. 나는 나의 잘못에 대해서 변명하기보다는 잘못을 인정하는 편이다.	
8. 나는 나의 의견에 대해서 상대방이 어떻게 생각하는지 물어보고 경청하는 편이다.	
9. 나는 별로 좋은 일이 아닐지라도 남들이 알아야 할 일이라면 알려 준다.	
10. 나는 토의를 진행할 때 독자적으로 운영하지 않으며 아이디어를 자유롭게 제기하도록 유도하는 편이다.	
11. 나는 나의 잘못에 대해서 다른 사람에게 솔직하게 표현하는 편이다.	
12. 나는 다른 사람의 감정을 존중하는 편이다.	
13. 나는 처음 만난 사람에게도 나 자신을 솔직하게 드러내는 편이다.	
14. 나는 이야기를 독점해서 상대방을 짜증나게 하는 일이 거의 없다.	
15. 나는 다른 사람에 비해 비밀이 적은 편이라고 생각한다.	
16. 나는 관심을 갖는 체하거나 경청하는 체하지 않는다.	
17. 나는 본 대로 솔직하게 이야기하며 거짓말을 하지 않는다.	
18. 나는 다른 사람이 내 말에 찬성하지 않는다고 화내거나 푸대접하지 않는다.	
19. 나는 자신의 본성을 그대로 나타내며 과장하지 않는다.	
20. 나는 다른 사람의 조언이나 충고를 고맙게 받아들이는 편이다.	
21. 나는 다른 사람이 이해할 수 있는 말과 용어를 쓰는 편이다.	
22. 나는 중요한 토의를 할 때 방해되는 일이 없도록 사전에 예방조치를 하는 편이다.	
23. 나는 다른 사람이 잘못했을 경우 잘못한 사람에게 솔직하게 이야기한다.	
24. 나는 대화나 토의를 할 때 다른 사람이 그들의 생각을 발표하도록 권장하는 편이다.	

문항의 내용이 나와 꼭 들어맞는다. － 5점

문항의 내용이 나와 상당히 맞는다. 그렇게 행동한다. － 4점

문항의 내용이 나와 어느 정도 맞는다. 그렇게 행동한다. － 3점

문항의 내용이 나와 거의 맞지 않는다. 좀처럼 그렇게 행동하지 않는다. － 2점

문항의 내용이 나와 전혀 맞지 않는다. 절대로 그렇게 행동하지 않는다. － 1점

점수계산 방법은 홀수 문항은 홀수 문항대로, 짝수 문항은 짝수 문항대로 점수를 더하여 다음 그림에 해당되는 점수를 표시한 후 점과 점을 이어서 사각형을 만들면 된다.

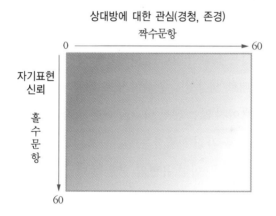

인간이 가지고 있는 마음을 노출시키는 정도와 다른 사람에게 갖는 관심의 정도를 가지고 사람의 마음의 창에 대하여 연구한 사람이 있다. 조해리의 창이란, 조셉(Josephluft)과 해리(Harry Ingham) 두 심리학자에 의해서 만들어진 개념으로 우리의 마음을 네 가지로 분류함으로써 마음의 문을 여는 방법을 쉽게 가르쳐 주고 있다. 즉, 대인관계에서 자기표현과 상대방에 대한 관심의 정도에 따라 대인관

[그림 5-1] 조해리의 창

계에서의 네 가지 유형의 창을 만들었다.

미지의 창형은 생각이나 감정을 다른 사람에게 말하기를 꺼려할 뿐만 아니라 다른 사람이 말하는 것에도 관심이나 흥미가 없는 사람들이다. 한마디로 세상일에 관심이 별로 없는 유형이다. 다른 사람에게 신뢰를 보이지 않을 뿐만 아니라 다른 사람의 의견에도 관심이 없다. 미지의 창을 가진 사람들은 인간관계에서 차갑고 비인간적이고 불평불만이 많다. 이런 유형의 창을 많이 경험하면 경험할수록

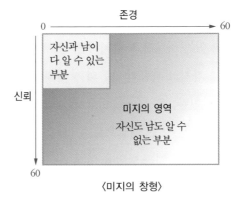

〈미지의 창형〉

조직 전체가 미지의 창이 될 가능성이 많다. 이런 조직구성원이 많을 경우 조직의 생산성은 저하되고 인간관계도 바람직하지 않다. 다른 사람들과의 적극적인 관계를 유지해 나가기 위해서는 적극적인 자기표현을 많이 하는 것은 물론이고 상대방이 말하는 것에도 관심을 가지는, 즉 다른 사람의 말을 잘 들어 주는 것이 필요하다. 대인관계 유형 중 가장 나쁜 유형으로 개선의 여지가 상당히 많은 유형이다.

감추어진 창형은 미지의 창형보다 좀 낫다. 이런 유형의 사람들은 다른 사람들이 말하는 것에는 관심을 기울인다. 즉, 다른 사람들에게 주의를 기울일 뿐만 아니라 그들의 생각과 감정에도 관심을 표시한다. 그러나 문제는 남의 얘기만 듣고 자신의 얘기는 잘 하지 않는다. 그러므로 감추어진 창이라고 한다. 예를 들면, 비밀이나 습관 같은 것이 남에게는 잘 알려져 있지 않다. 따라서 이런 유형은 비밀이 많고 무언가 베일에 싸여 있는 사람들이라고 보면 된다.

이런 유형을 가진 사람들은 첫째, 남들에게 솔직하지 못하다거나 무성의하다는 말을 자주 들을 수 있으며 둘째, 갈등의 상황에서는

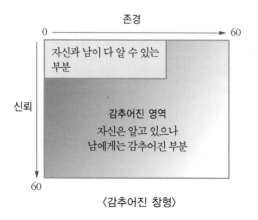

〈감추어진 창형〉

회피하려고 하며 셋째, 남들에게 쌀쌀맞고 냉정하다는 소리를 많이 들을 수 있다. 또는 콧대가 높다는 말을 들을 수 있다. 왜냐하면 남들이 하는 이야기는 잘 들어 주는데 자기 이야기는 잘하지 않으므로 그 사람이 지금 무슨 생각을 하고 있는지 알 수 없기 때문이다. 그러므로 일방적 인간관계가 되기 싶다. 쌍방적 인간관계를 유지해 나가기 위해서는 보다 적극적으로 자기표현을 해야 한다. 자기표현을 함으로써 다른 사람을 신뢰하고 있음을 보여 줄 수 있다. 가족이나 친구의 이야기를 듣기만 하고 비난받을까 봐 자신의 행동을 끊임없이 통제하는 경우 좋은 인간관계를 유지해 나갈 수 없다.

맹목적인 창형은 긍정적인 면과 부정적인 면을 함께 가지고 있다. 긍정적인 측면은 자신의 감정과 생각에 충실하다는 것이다. 감추어진 창을 가진 사람들과는 정반대로 자신을 다른 사람에게 솔직하게 표현한다. 즉, 감정이나 생각이 개방적이고 정직하다. 옳든 그르든, 인기가 있든 없든 간에 자기표현이 분명하다. 따라서 상대방을 신뢰하고 믿는 경향이 있다. 부정적인 측면은 남의 말에 귀를 기울이지

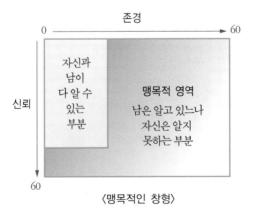

〈맹목적인 창형〉

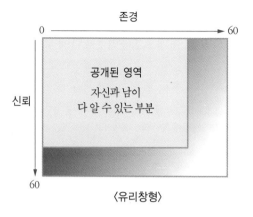

〈유리창형〉

않는다는 것이다. 의도적이지는 않지만 다른 사람의 감정과 생각은
별로 중요하지 않은 것처럼 행동한다. 특히 술 취한 사람의 경우 했
던 이야기를 되풀이하는 경우가 있는데, 이런 사람들이 바로 맹목적
인 창 소유자다. 남의 이야기는 듣지 않고 자기 이야기만 계속 하는
것이다. 이런 유형은 다른 사람들이 말하는 것을 잘 들어 주는 적극
적인 경청 연습을 많이 해야 한다.

　유리창형은 대인관계에서 가장 바람직한 유형이다. 이들은 다른
사람들의 생각이나 감정에 관심을 가질 뿐만 아니라 내가 가지고 있
는 생각이나 감정도 솔직하게 표현한다. 그러므로 사람들과의 관계
에서 신뢰를 형성할 수 있다. 미지의 창형은 다른 사람들의 관심과
자기표현 모두 다 개선해 나가야 하고, 감추어진 창을 가진 사람들
의 경우에는 자기표현을 더 적극적이고 솔직하게 해 나가야 하며,
맹목적인 창을 가진 사람들은 다른 사람들이 말하는 것에 경청을 잘
해 나가야 한다. 따라서 대인관계 유형에서 가장 바람직한 유형은
유리창형이다.

Communication Skill　　게임 원칙은 다음 이야기의 내용을 읽고 맞으면 T, 틀리면 F, 애매모호하면 ? 표란에 ∨표 한다.

이야기 내용

한 상인이 상점 안의 전깃불을 껐을 때, 한 남자가 나타나 돈을 요구했다. 주인이 금전등록기를 열었다. 그 금전등록기에 들어 있던 것이 꺼내어졌고, 그 남자는 재빨리 사라졌다. 한 경관에게 즉시 통보되었다.

이야기에 관한 설명	T	F	?
1. 주인이 자기 상점 전깃불을 껐을 때 한 남자가 나타났다.			
2. 그 강도는 남자였다.			
3. 그 남자는 돈을 요구하지 않았다.			
4. 금전등록기를 연 남자는 주인이었다.			
5. 상점 주인이 금전등록기에 들어 있던 것을 꺼내 가지고 달아났다.			
6. 누군가가 금전등록기를 열었다.			
7. 돈을 요구한 남자가 금전등록기에 들어 있던 것을 꺼내 가지고 달아났다.			
8. 금전등록기에 돈이 있었으나 이야기 내용에서는 그 액수를 밝히지 않았다.			
9. 강도는 주인의 돈을 요구했다.			
10. 이야기의 내용에 나오는 사람들은 오직 세 사람뿐이다. 즉, 상점주인, 돈을 요구한 남자, 그리고 경관이다.			
11. 이야기 중 다음 내용은 사실이다. 어떤 사람이 돈을 요구했고, 금전등록기가 열렸으며, 그 안에 있던 것이 꺼내어졌으며, 한 남자가 상점 밖으로 달아났다.			
계			

이때 이야기의 내용과 이야기에 관한 설명이 100% 맞으면 T이고 0.001%라도 틀릴 가능성이 있으면 ?다. F의 기준도 100% 틀리면 F이고 0.001%라도 맞을 가능성이 있으면 ?로 하면 된다.

개인적으로 표시한 후 팀별 토의를 통해서 정답을 맞혀 보게 한다. 팀별로 정답을 도출할 때 주의사항은 다음과 같다.

- 다수결로 하지 않는다. 예를 들어, "1번에 T 한 사람 손들어 보세요."라고 묻고 "몇 명." 이런 식으로 정답을 맞혀서는 안 된다. 반드시 합의에 의해 정답을 만들어 내야 한다.
- 개인별 의사결정사항은 당신 자신의 결정이므로 충분히 납득할 수 있는 이유 없이는 변경해서는 안 된다. 논리적으로 설득이 가능할 때 의사결정에 대한 변경이 있어야 한다.
- 다른 사람의 다른 견해도 성실하게 경청하도록 한다. 즉, 많은 사람들이 정답이라고 하더라도 한 번 더 신중히 생각해 볼 필요가 있다. 소극적인 사람의 경우 자신이 확실히 정답이라고 알더라도 적극적으로 발표를 하지 않아서 망설이는 경우가 있기 때문에 다시 한 번 확인해야 한다.
- 자기주장을 너무 고집하거나 논쟁하는 것은 피해야 한다. 그러나 논쟁을 피한다는 이유로 자신의 의견을 바꾸지 말고 충분히 설명한다. 목소리 큰 사람이 이긴다고, 정답이 아니지만 설득이나 목소리 큰 것으로 윽박질러 정답으로 하는 경우가 있다. 이것을 조심해야 한다.
- 특정 개인이 집단의사결정을 주도하는 것은 피한다. 지금까지 살펴보니 어떤 사람이 발표도 잘하고 열심히 하는 것 같아서 그 사람에게 정답을 맡겨 두고 다른 사람들은 담배 피고 휴식 하고 하는 일이 없도록 해야 한다.

• 의사결정을 할 때 다수의결이나 흥정하는 식의 방법은 피한다.

정답은 다음과 같다.

1. 한 상인이 꼭 주인이란 법이 없기 때문에 물음표다. (?)
2. 본문에 강도란 말은 어디에도 없다. 돈을 요구하면 다 강도인가? (빚 받기 위해 올 수도) (?)
3. 그 남자가 반드시 한 남자일 수는 없다. (?)
4. 주인이 남자인지 여자인지 모른다. (?)
5. 꺼내 가지고 달아난 사람은 주인인지 누구인지 모른다. (?)
6. 누군가가 지금 강의하고 있다고 하면 논리에는 모순이 없다. (T)
7. 돈을 요구한 남자가 가져갔는지 다른 사람이 가져갔는지 모른다. (?)
8. 들어 있는 것이 꼭 돈이 아닐 수 있다. (?)
9. 그 강도는 강도가 아닐 수 있다. (?)
10. 세 사람이 아닐 수 있다(그 이상일 수도 있기 때문에). (?)
11. 상점 안으로 달아났는지 상점 밖으로 달아났는지? (?)

그런데 여기서는 누가 몇 개 맞고 누가 몇 개 틀리고가 중요한 것이 아니라 의사소통이 그만큼 어렵다는 것을 아는 것이 중요하다. 개인적으로도 한 번 해 보고 팀으로도 한 번 해 보면 사람마다 각기 다르게 생각하는 부분이 여실히 드러난다. 의사소통을 잘하기 위해서는 이와 같이 각자의 생각만 고집하는 것이 아니라 대화를 통해서 문제를 해결해 나가고자 하는 노력이 필요하다.

의료사고 후 고발당하는 의사들의 대부분이 환자와 5분 대화를 하지 못한 통계결과가 있다. 환자의 입장에서 충분히 공감하고 들어 줄 때 원만하게 문제를 해결할 수 있다는 것이다. 또 부부대화 녹화 후 30년 뒤 두 사람이 이혼을 할 것인지 계속 결혼생활을 유지할 것인지를 추적 조사해 보니, 90% 이혼할 사람을 맞추었다는 통계도 있다. 이것은 대화의 중요성을 말해 주는 것이다.

유능한 촉진자는 의사소통능력이 있어야 한다. 그렇다면 의사소통이라는 것이 무엇인가? Ayer는 전달되는 것 자체나 그 수단 또는 전 과정을 의미한다고 하였다. Berelson과 Stainer는 기호, 언어, 그림, 도형, 도표 등을 사용하여 사상들을 전달하는 행위나 과정이라고 하였다. George Miller는 커뮤니케이션이란 정보가 한 장소로부터 다른 장소로 전해지는 것이라고 정의하고 있다.

종합하면 상호공통적인 상징체계를 이용하여 정보를 전달하고 이해하는 것이라고 볼 수 있다. 여기서 중요한 부분은 상호이해다. 상호이해가 되지 않으면 의사소통은 제대로 되지 않는다. 상호이해가 되지 않으면 모두 내 마음대로 생각하고 내 마음대로 판단하고 내 마음대로 해석하기 때문에 문제가 발생한다. 왜냐하면 사람은 다 다르기 때문이다. 상호이해가 되기 위해서는 대화를 해야 한다.

여기서 문제를 내 보겠다. 서울에서 부산으로 휴가가면서 수박을 4통 샀다. 부산으로 내려가면서 반을 먹고 서울로 올라오면서 반을 먹었다. 몇 통 남았을까? 어떤 사람은 아무것도 안 남았다. 또 어떤 사람은 1통 또 어떤 사람은 3통 등 다양하게 답이 나올 것이다. 그러나 이 문제만 보았을 때는 답을 할 수 없다. '모른다'가 정답이다. 왜냐하면 여기서의 반을 어떻게 생각하느냐에 따라 답이 다양하게 나올 수 있기 때문이다. 그러므로 반에 대한 대화가 필요하다.
올바른 의사소통을 하기 위한 방법으로 다음과 같은 것이 있다.

- 좋은 인상을 갖는 것이 바람직하다. 좋은 인상이 왜 중요하냐
  하면 이야기를 하는데 옆에 가까이 가기 싫을 정도로 냄새가 난
  다든지 하면 제대로 이야기하고 싶겠는가? 이미지 관리를 하는
  것도 좋은 방법 중의 하나다. 점심식사에 마늘을 잔뜩 먹고 "여
  러분" 하면 어떻겠는가?
- 상대방을 향하고 시선을 맞춘다. 의사소통의 출발점은 상대방
  의 눈을 보면서 이야기하는 것이다. 대화를 하는데 상대방의 눈
  을 보지 않고 말하면 통하지 않는다. 남녀가 눈이 맞았다는 표
  현은 무슨 뜻인가? 두 사람이 통했다는 뜻이다. 통하려면 눈이
  마주쳐야 한다. 멋있는 사람이 지나가면 쳐다보지 않는가? 왜
  쳐다보는가? 눈 한 번 마주치려고? 그럼 왜 눈을 마주치려고 하
  는가? 통하기 위해서다. 대화를 할 때에는 반드시 눈을 마주치
  면서 이야기해야 한다.
- 무엇을 말하고 있는지, 무엇을 말하려는지 집중해야 한다. 집중
  하지 않으면 모두 내 마음대로 듣고 내 마음대로 해석한다. 예를
  들면, 텔레비전에서 "이번에 **개판**된 프로그램을 안내해 드리겠
  습니다."라고 하더라도 모두 "이번에 **개편**된 프로그램을 안내해
  드리겠습니다."라고 듣는 경향이 있다. 또 "이번 **부산** 때 **설날** 다
  녀오셨습니까?"라고 하더라도 "이번 **설날** 때 **부산** 다녀오셨습니
  까?"라고 듣는다. 집중해서 듣지 않으면 이런 결과가 발생한다.

- 잘 듣고 있다는 신호를 보낸다. 고개를 끄덕인다든지, 맞장구를 친다든지, 눈을 마주치는 것이다. 대화에는 1, 2, 3화법이 있다. 1분간 말하고 2분간 듣고 3분간 맞장구친다는 것이다. 즉, 호응을 잘해 주라는 것이다. 상대방이 내 말에 호응을 잘해 주면 그 사람에게 호감을 갖는다. 그럼에도 불구하고 다른 사람이 말할 때 딴짓을 하는 사람들이 많이 있다.

- 심정을 이해하며 부연하여 말한다. 이 말은 상대방이 말한 것 중 첫 말을 반복해 주는 것이다. 예를 들면, "오늘 날씨가 참 좋습니다. 우리 밖에서 점심 먹을까요?"라고 했다면 상대방이 했던 첫 문장, 즉 "오늘 날씨가 참 좋아요."라고 말한 후 자기의 의견을 말하는 것이다.

- 끝까지 듣는다. 끝까지 듣는다는 의미는 한 문장이 끝날 때까지 들어 준다는 것이다.

- 말의 표현을 잘한다. 우리나라 사람들이 표현을 잘 못하는 것이 세 종류가 있다. 첫째, '죄송합니다, 미안합니다' 등의 표현을 잘 못한다. 왜냐하면 너무 죄송해서, 너무 미안해서. 둘째, '사랑합니다, 감사합니다'라는 표현도 잘 못한다. 왜냐하면 너무 사랑해서, 너무 감사해서. 세 번째는 호응이다. 상대방이 말하면 '예'라고 답하는 첫 반응이 별로 없다. 상대방이 말하면 '예'라고 일단 호응반응을 한 후 이야기나 행동을 해야 하는데, 대부분의 사람들이 그런 표현을 하지 않고 바로 답을 하거나 행동을 한다는 것이다. 예를 들면, "오른손 들어 보실래요?"라고 질문하면 대부분의 사람들이 그냥 오른손만 든다. 여기서 좋은 방법

은 "예, 오른손요."라고 말한 후 손을 드는 것이다.

⑰ 조력자로서의 역할

강사는 학습을 촉진시키기 위해 경험적인 방법을 활용하여 교육생들이 좀 더 쉽게 학습할 수 있도록 역할을 수행하는 사람이다. 즉, 조력자, 학습촉진자, 중재자, 활성화시키는 역할을 해야 한다.

- 교육생이 주제에 관해 의견을 교환, 결론을 얻도록 조력한다.
- 강사로서가 아니고 함께 참여하고 의견을 공유하고 있다는 느낌을 들게 한다.
- 강사가 내용에 관한 선생이어서는 곤란하다.
- 의사결정이 원활하도록 중개역할을 수행한다.
- 그 외 프레젠테이션 기법을 사용한다.
- 사고를 촉진시킨다.
- 교보재를 기교 있게 활용하게 한다.
- 강사는 교통정리를 잘해야 한다. 토론할 때, 발표할 때는 발표자, 발표정리자, 토론시간, 발표시간 등을 명확히 제시해 주어야 한다. 또한 토론하게 해 놓고 본인은 다른 책을 보거나, 전화하거나, 밖에 나가거나 하는 것은 좋지 않은 행동이다. 훌륭한 촉진자에게는 질문기술(questioning skill), 경청기술(listening skill), 요약기술(summarizing skill), 반영기술(Reflection skill), 피드백 기술(feed-back skill)이 있다.

질문기술

최근에는 강사가 일방적으로 떠드는 강의방식보다 강사와 학습자가 대화를 나누는 방식으로 발전해 가고 있다.

질문의 효용

- 주의를 끈다. "이 문제에 대해서 생각해 보신 적이 있습니까?"
- 흥미를 갖게 한다. "이런 일에 부딪혔을 때 여러분이라면 어떻게 처리하겠습니까?"
- 참여시킨다. "이것을 할 수 있겠습니까?"
- 변화를 준다. 지금까지 '~입니다' 조의 서술문으로 진행되어 오던 이야기가 자기의문문으로 바뀌면 청중은 변화를 느낀다.
- 효과를 확인한다. 강의자의 질문으로 학습자의 기초지식이 어느 정도인지를 파악할 수 있으며 강의 도중의 질문을 통해 강의 내용을 어느 정도 이해하고 있는지 알 수 있다. 질문의 목적은 여러 가지가 있다. 그 목적에 따라 질문하지 않으면 부질없는 것이 되고 만다. 생각하게 하기 위한 질문은 "앞서 말한 ~은 원인이 어디 있다고 생각합니까?", 자료를 모으기 위한 질문은 "이것에 관해서 경험한 바가 있으면 어느 분께서 말씀해 주시겠습니까?", 반대나 비판을 구하기 위한 질문은 "A와 B는 어떻게 다른지 여러분의 의견을 말씀해 주시겠습니까?", 태도를 결정하도록 하기 위한 질문은 "찬성입니까? 반대입니까? 어떻습니까?", 답에 대한 재질문은 "구체적으로 어떤 것을 들 수 있습니까?"

질문할 때의 주의사항

- 질문의 타이밍을 생각한다.
- 유도질문을 삼간다.
- 특정인에게만 질문하지 않는다.
- 1회 1문을 원칙으로 한다.
- 같은 질문을 되풀이하지 않는다.
- 공격적인 질문을 하지 않는다.

질문을 받을 때의 주의사항

- 어떤 종류의 질문이든 일단 긍정적으로 받아들인다.
- 질문에 강하게 반문하지 않는다.
- 질문자를 몰아세우지 않는다.
- 질의응답은 논쟁과 다르다는 점을 이해한다. 즉, 침착하고 조용한 어조로 내용이나 생각의 차이를 지적해 주거나 질문자의 심리를 분석하여 따뜻하게 답해 준다.

강사가 질문할 때 주의해야 할 사항

- 학습계획에서 이탈된 질문을 하지 않는다.
- 몇 사람에게만 한정하지 말고 가급적 많은 학습자가 질문에 참가할 수 있도록 한다.
- 질문에 대한 답이 오답인 경우 즉각적인 반응을 보여서는 안 된다.
- 질문은 학습자가 지닌 경험이나 지식의 범위 내에서 한다.
- 학습자 상호 간의 질문과 대답을 억제해서는 안 된다.

- 어떤 방법의 대답을 원하는가를 분명히 지시해야 한다. 예를 들면, '비교하라, 분류하라, 요약하라, 정의하라' 등

강사가 질문을 받을 때 주의해야 할 사항

- 학습자의 질문에 대답이 막혔을 때는 솔직하게 '모르겠으니 알아보겠다' 는 말을 할 줄 알아야 한다.
- 질문내용은 반드시 메모한다. 질문내용이 불투명한 경우 피드백을 통해 구체화시킬 수 있어야 한다.
- 질문을 받고 바로 답하지 않는다. 즉, 흥분하지 않는다.
- 질문내용을 알더라도 질문에 대한 답을 다른 학습자에게 돌린다. 다른 학습자가 답을 하도록 유도하고 나중에 그 답에 대해 피드백한다.
- 질문내용을 반문한다.
- 답을 하고 나서는 질문자의 궁금증이 풀렸는지 "됐습니까?" "질문에 답이 됐습니까?"라고 확인한다.
- 질문에 대한 답이 길거나 교육생 상호 간의 답변이 길어질 경우에는 다른 학습자들을 위해서 양해를 구한 후 질문에 대한 답을 끊고 휴식시간에 답하도록 한다.

질문의 종류에는 다음과 같은 것들이 있다.

전체 질문　대답할 사람을 특별히 정하지 않고 참석자들 중에서 아무나 대답할 수 있도록 하는 질문이다. 주로 토의 초에 많이 하며

화제를 던져서 문제를 명확히 한 다음 토의로 들어갈 때 이 질문을 사용한다. "이 문제에 대해 여러분은 어떻게 생각하십니까?"라는 식으로 질문하면 참석자들 중에서 아무나 답을 할 것이다.

지명 질문　　특정인을 지정하여 질문하는 방법이다. 전원 대상 질문의 경우 아무나 답을 할 수 있지만, 그렇게 해도 답이 나오지 않을 경우 지명 질문을 하는 것이 바람직하다. 강의가 너무 엄숙하거나 참석자들이 많이 위축되어 있을 경우, 그리고 발표를 잘하지 않거나 참석자들이 소극적이어서 자기의 의견을 적극적으로 말하는 데 서툰 경우에 특별히 지명하여 그 사람의 생각이나 의견을 발표하게 한다. 또 특정한 사람에게 그 사람이 가지고 있는 전문적인 지식이나 경험을 말하게 할 경우 지명 질문을 한다. 참석자의 참여도가 한쪽으로 기울어 적극적인 몇몇 사람만 발언을 독점하는 일이 없도록 할 경우 또는 특정한 참석자의 주의를 집중시킬 필요가 있을 때 지명 질문을 한다. 예를 들어, "김 과장님의 생각은 어떻습니까?"라는 식으로 질문한다.

릴레이 질문　　참석자 중에는 강사의 의견이나 생각을 들으려고 하거나 리더에게 어떤 해답을 구하려고 하는 경우가 종종 있다. 이때 강사가 그 질문에 바로 답하면 참석자의 사고력이 떨어질 뿐만 아니라 어떤 문제에 대해 심각하게 생각하려고 하지 않게 된다. 이런 경우 강사는 그 질문에 바로 대답하지 말고 참석자 중에서 그 질문에 대한 대답이 나오도록 유도한다. 예를 들면, "방금 질문하신 이 문제에 대해서 어느 분이 설명해 주시겠습니까?"라는 식으로 중간에서 질문을 중개하는 방식이 릴레이 질문이다.

반대 질문　강의 참석자가 스스로 깊이 생각하려 하지 않는다든지, 의견이 있으면서 일부러 강사에게 질문을 던져 강사의 의견이나 생각을 요구하는 경우가 있다. 이런 경우 강사는 그 질문에 바로 대답하지 말고 다시 같은 질문으로 되묻는다. 이것이 반대 질문이다. 이렇게 함으로써 상대방의 생각할 의욕이 솟구치게 하는 것이다. 예를 들면, "방금 질문하신 부분에 대해 홍길동 씨 본인은 어떻게 생각하십니까?"라는 식으로 질문한다.

경청기술

강사는 경청을 잘해야 한다. 특히 적극적인 경청을 잘해야 학습자들의 호감을 살 수 있고 학습자들이 강의에 집중하게 된다. 상대방이 갖고 있는 정서, 태도, 느낌, 자세 등을 상대방의 입장에서 들어주는 것이 바로 적극적인 경청의 핵심이다.

적극적인 경청을 하는 방법은 첫째, 확인한다. 즉, 상대의 이야기를 자기표현으로 바꾸어서 상대방이 말한 것을 내가 전달받았다는 것을 확인해 주는 것이다. 확인 방법은 고개를 끄덕인다든지, 앞으로 다가간다든지, 눈을 맞춘다든지 하면 된다. 둘째, 공감한다. 상대방의 기분을 읽어 주면서 공감한다. 공감한다는 것은 상대의 감정을 '수용'하는 것이지, 그것이 옳다고 '동의'하는 것은 아니다. 셋째, 자기 생각을 상대방에게 이야기한다. 넷째, 자기 기분을 솔직하게 표현한다.

⇨ 적극적인 경청 테스트

단계 1.　　제주도

　　　　　제 이름은 (홍길동)입니다.

　　　　　저는 제주도에 가려고 하는데 (　　)을 가지고 가려고 합니다. 저는 제주도에 갈 수 있습니다.

단계 2.　　마포대교

　　　　　저는 마포대교를 건너 (　　)에 가려고 합니다.

　　　　　저는 갈 수 있습니다.

단계 3.　　남극점

　　　　　저는 남극점에 가서 (　　)을 발견했습니다.

　　　　　저는 발견했습니다.

1단계 실습

　"제 이름은 홍길동입니다. 저는 제주도에 가려고 하는데, (현대자동차)를 가지고 가려고 합니다." "당신은 갈 수 있습니다."라고 강사나 진행자가 한 번 말을 하고 순서대로 (　　) 안에 가지고 갈 수 있는 물건을 말하도록 한다. 그러면 학습자들은 "제 이름은 (학습자 자신의 이름)입니다. 저는 제주도에 가려고 하는데, (라면)을 갖고 가려고 합니다."라고 하면 강사는 "당신은 갈 수 없습니다."라고 말한다. 그다음 순서대로 계속하도록 한다. 당신은 제주도에 갈 수 있는지 없는지의 구분은 이름 첫 번째 글자, 즉 홍길동이면 'ㅎ'으로 시작되는 물건, 갑돌이면 'ㄱ'으로 시작되는 물건을 가지고 간다고 말하면 갈 수 있다고 한다.

2단계 실습

"저는 마포대교를 건너 ('어' 여의도)에 가려고 합니다. 저는 갈 수 있습니다."라고 말한 후 학습자들에게 똑같이 (   ) 안에 들어갈 곳을 말하도록 한다. 즉, "저는 (마포대교)를 건너 김포공항에 가려고 합니다."라고 말하면 "당신은 갈 수 없습니다."라고 말한 후 순서대로 계속 해 보도록 하면 된다. 여기서 포인트는 '어'라는 간투어를 넣고 어디어디에 가려고 한다고 말하면 "당신은 갈 수 있습니다."라고 한다.

3단계 실습

"저는 남극점에 가서 (백곰 한 마리)를 발견했습니다."라고 하면서 한쪽 팔을 턱에 댄다. 그런 다음 순서대로 학습자들에게 (   ) 안에 들어갈 것을 말하면서 이야기하도록 한다. 이때의 포인트는 '한쪽 팔을 턱에 대면서' 남극점에 가서 무엇무엇을 발견했다고 해야 "당신은 발견했습니다."라고 말하는 것이다.

이와 같은 실습은 적극적인 경청이 무엇이며 경청을 할 때 아주 사소한 것까지도 관심을 가지고 주의집중을 하여 들어 주어야 한다는 것을 알려 주기 위해서 실시하는 체험학습법이다.

반영 기술

- 상대방이 말한 내용을 요약 정리하여 나의 말로 바꾸어서 말해 준다.
- ~라고요! ~구나로 표현해 준다.

- 상대방의 말에 반응(대꾸)하기 전에 반영(거울/공감)해 준다.
- 반영한 후에는 타당성을 인정한다(그래서 그럴 수도 있겠네 등).
- 인정해도 안 될 경우 브레인스토밍해서 해결한다.
- 그래도 안 되면 조절한다(기다린다).

요약 기술

요약기술이란, 강의과정에서 특정 시점까지 언급된 핵심적인 사항이나 진행된 과정에 대해 간략히 정리하는 기술이다. 요약에는 전환 연결 시의 요약이 있고 마무리 요약이 있다. 전환 연결 시 요약은 화제나 학습활동의 단계를 교육목표에 따라 연결시키기 위하여 요약하는 것이고, 마무리 요약은 강의 마지막에 전체 내용에 대하여 간단히 정리해 주는 것이다.

요약기술이 필요한 경우는 다음과 같다. 첫째, 소그룹별 또는 교육생의 토의내용을 요약하는 것이 중요하다고 판단될 때 "지금까지 토의한 내용을 정리해서 팀별로 간단히 요약, 발표해 주시기 바랍니다." 둘째, 수많은 데이터나 혼란이 발생했을 때 교육생 스스로 할 수 없는 경우에 핵심 포인트를 메모해 두거나, mapping 기술을 활용하여 차트나 전지에 요약하거나, 그림이나 표, 모델을 활용한다. 셋째, 강의 마지막에 요약정리할 때는 지금까지 배운 내용 중 핵심 부분을 정리해 준다. 또한 요약의 한 방법으로서 실천사항들을 세우고 발표하게 한다. 넷째, 전환 연결 시 요약은 하나의 활동이나 화제에서 다른 방향으로 전환시킬 때 필요한 기술이다. 현재까지 학습되고 있는 흐름과 앞으로의 방향에 대해서 설명한 다음 어떤 내용이 전개되는지를 설명한다. 그것이 전체 학습목표나 현재의 테마와 어떻게 관련되는지를 설명한다.

피드백 기술

피드백이란, 학습자가 행동한 것에 대한 정보다. 무엇을 피드백할 것인가에 따라서 긍정적인 피드백, 부정적인 피드백이 있다.

피드백을 할 때에는 첫째, 분위기를 조성한다. 둘째, 무엇을 피드백할 것인가를 명확히 말한다. 셋째, 피드백 내용을 전개한다. 넷째, 행위로 실천할 것을 강조하면서 마무리한다.

18 겉모습

내면적인 강의 못지않게 겉으로 드러난 강사의 모습도 중요하다. 겉모습을 어떻게 할 것인가에 대해 신경써야 한다.

- 와이셔츠의 소매나 깃이 더럽지 않은가?
- 바지의 주름은 잡혀 있는가?
- 복장의 센스는 어떤가?
- 넥타이는 어울리는가?
- 신발은 깨끗한가?
- 강사다운 표정과 태도를 취하고 있는가?
- 여성 강사의 경우 남성 학습자들이 많이 있다면 바지 정장을, 여성 학습자들이 많이 있다면 치마 정장을 입는 것이 좋다.

⑲ 교안

교안이 필요한 이유는 첫째, 이탈을 방지하기 위해서다. 교안 없이 정신없이 강의를 진행하다 보면 생각이 잘 안 날 때가 많이 있다. 이때 학습자들에게 "제가 지금 어디까지 했지요?"라고 묻는 경우가 있는데, 이것은 잘못된 것이다. 둘째, 일관성을 유지하기 위해서다. 셋째, 시간관리가 용이하다. 즉, 지금까지 한 부분을 체크하여 시간을 관리할 수 있다. 넷째, 자신감 확보다. 교안이 있음으로 해서 자신감이 생길 수 있다. ○○ 대리의 강의 예를 소개한다.

모 기업에서 ○○ 대리에게 강의를 의뢰한 적이 있다. ○○ 대리는 한 달 전부터 특강 준비를 열심히 하고 하루 전날까지 자신이 작성한 강의자료를 달달 외웠다. 그런데 머릿속에 있는 내용과 그동안 외운 것만 생각하고 교안을 준비하지 않았다. 당일날 강의를 하려고 강단에 서서 "오늘 제가 여러분들께 말씀드릴 부분은?" 하는데, 갑자기 멍해지면서 아무것도 생각나지 않았다. 그래서 마음을 가다듬기 위해 뒤로 한 발 물러서서 다시 인사하고 "오늘 여러분께 말씀드릴 부분은?" 하였으나, 다시 생각나지 않아서 뒤로 물러나다가 강단 밑으로 떨어져서 특강은 하지도 못하고 병원에 실려갔다.

⑳ 프레젠테이션 스킬

강의와 프레젠테이션은 다르다. 여기서는 프레젠테이션에 대해서 간단히 언급하고자 한다. 프레젠테이션은 원래 광고주가 광고캠페인 실시에 앞서 광고대행사로부터 광고될 내용과 방법 등에 대한 상세 계획서를 전달받는 방법에서 유래되었다. 현재는 다양한 업종에서 클라이언트나 상급자를 설득하여 자사의 제안을 받아들이게 하기 위한 제안의 과정으로 볼 수 있다. 좀 더 좁게는 제한된 시간 내에 전달하고자 하는 내용을 효과적으로 전달하는 것이라고 볼 수 있다.

프레젠테이션의 단계를 살펴보면 다음과 같다. 첫째, 기획 단계다. 주로 프레젠테이션할 내용의 개념 이해와 3P 분석을 하는 것이다. 개념에 대한 이해는 발표할 내용의 개념을 정리하는 것이다. 3P 분석에서 청중(people)의 경우 청중 수, 청중의 지식수준, 핵심인물, 청중의 요구 등을 분석한다. 목적(purpose)의 경우 한 문장으로 표현하는 것이 바람직하고 현실적이며 청중의 행동을 유발할 수 있게 구성되어야 한다. 장소(place)의 경우 현장을 직접 방문해 보는 것이 가장 바람직한 방법이지만 그렇지 못할 경우 장소에 대한 확인이 반드시 필요하다.

둘째, 내용구성 단계다. 핵심문장 도출, 발표내용 구성, 시청각자료를 작성하는 것이다. 핵심문장 도출은 전달하고자 하는 내용의 핵심이 되는 메시지를 뽑아 내는 것이다. 발표내용 구성은 도입부, 본론부, 결론부의 3부 구성으로 한다. 도입부에서는 중심 메시지를 담고, 본론에서는 도입부에서 언급한 메시지를 뒷받침할 수 있는 이유나 근거 등을 이야기하며, 결론부에서는 도입부에서 언급한 메시지를 다시 한 번 강조한다. 그다음 시청각자료를 작성하는데, 요즘은 대부분 파워포인트를 활용한다.

셋째, 발표 단계다. 발표 단계에서는 언어적 요소와 비언어적 요소를 사용한다. 언어적 요소에서 '준비가 부족해서, 많은 사람들 앞에 처음 서 봐서, 말을 잘 못해서, 어제 과음해서, 귀중한 시간을 뺏어서' 등과 같은 말은 삼가야 한다. 비언어적 요소로는 자신감, 시선, 표정, 동작 등이 있다. 발표할 때 주의해야 할 또 다른 것은 지각, 잦은 실수, 내용숙지 미숙, 서툰 장비조작, 예상질문에 대한 대처 부족 등이다. 아무리 준비를 잘했다고 하더라도 지각할 경우 감점이다. 그리고 잦은 실수의 경우 했던 이야기를 또 한다든지, 자료를 떨어뜨린다든지 하는 것, 내용 숙지의 경우 물론 생각나는 대로 발표할 수도 있고, 원고를 작성 후 그대로 보고 읽으면서 발표할 경우도 있고, 핵심내용을 정리한 후 설명으로 할 경우도 있지만 내용에 대해서는 완벽히 숙지해야 한다.

➔ 비언어적인 요소의 이해

그림 속의 남자는 각각 누구에게 전화하고 있을까? (정답 p.249)

①   ②   ③

넷째, 피드백 단계다. 발표 후 학습자로부터 피드백을 경청하는 것이다. 이때 성실하고 적극적으로 경청하는 것이 중요하다.

2. 효과 없는 강의형태

효과 없는 강의형태에는 다음과 같은 것이 있다.

훈시형

처음부터 끝까지 자신의 생각을 강조하는 유형이다. 학습자들이 받아들이든지 거부하든지 신경쓰지 않고 일반적으로 강요하고 훈시하는 유형이다. "학생장! 어떻게 생각해?" 등과 같이 말하는 경우 또는 자기 말이 처음부터 끝까지 다 옳다고 주장하는 경우가 있다.

수면제형

강의의 목적은 어디까지나 듣게 하는 데 있다. 그러므로 학습자들이 졸지 않고 강사에게 집중할 수 있도록 유도해야 한다. 그럼에도 불구하고 학습자들을 재우기 위해서 이야기하는 것처럼 강의하는 사람이 있다. 낮은 목소리, 무슨 이야기를 하고 있는지 알 수가 없는 중얼거리는 음성, 수강자 중에 잠을 자는 사람이 있는데도 난 모른다는 식으로 자기 자신은 싫증을 안 느끼고 강의하는 것이 바로 수면제 유형이다.

저자세형

"아무것도 모르는 제가 여러분들 앞에서 강의한다고 하는 것이 참 부끄럽습니다!" 또는 머리를 지나치게 굽신거리거나, 손바닥을 비비거나 하는 행위는 저자세를 나타내는 것이다. 자신을 낮추어서 겸손한 것은 좋으나 지나치게 낮추면 강사에 대한 신뢰도나 권위가 떨어진다. 이럴 경우 학습자들은 '그럼 집에 있지 왜 왔어.' 라고 생각할 수 있다. 처음부터 학습자들의 동기유발을 저하시키는 요인이 되기 때문에 저자세를 고집할 필요는 없다.

이론전용형

자신의 경험이나 의견, 생활 속에서의 생생한 사례와 같은 것이 없이 '칸트에 의하면, 링컨에 의하면' 등 이론적인 부분만 가지고 강의하는 것은 바람직하지 않다. 남의 이야기를 빌려오더라도 마지막 한두 가지 정도는 자신의 이론을 피력하는 것이 필요하다.

경험보고형

위의 경우와는 반대로 처음부터 끝까지 자기중심적인 사물의 관찰 경험담으로 강의하는 유형이다. 자칫 잘못할 경우 신변잡담이나 내용이 부실해질 수 있다. 따라서 다분히 비합리적이고 객관성이 결여된 강의가 될 수 있다. 이럴 경우 마지막 한두 가지는 이론적인 것을 가지고 강의하는 것이 필요하다.

유아독존형

지각을 하고서도 미안해하지 않는다. 머리, 복장, 몸가짐 등에는 신경쓰지 않는다. 휴식시간도 멋대로 정하는가 하면 아예 무시하고 강의를 계속하기도 한다. 판서 글자도 자기만이 알아볼 수 있게 써서 학습자들을 곤란하게 한다. 한마디로 자기 멋대로 하는 유형이다. 강단에 서는 것 자체를 아주 우습게 아는 사람이다.

중도탈선형

강의를 하는 과정에서 논리가 여기저기로 옮겨다녀 도대체 무엇을 이야기하는지 알 수 없는 유형이다. 다른 길로 빠지더라도 빠진 장소를 알아 두어야 한다. 그렇지 않으면 어디까지 했는지 모르고 헤매는 경우가 허다하다. 그렇게 되면 4시간 분량의 강의를 3시간에 끝날 수도 있다. 중간에 빼먹고 하는 경우가 발생하기 때문이다. 따라서 다른 길로 갈 때는 교안에 어디까지 했는지를 표시해 두고 다른 설명을 하는 것이 요령이다.

불안초조형

의외로 이런 유형이 많다. 이런 유형의 강사는 학습자들을 전혀 보지 않고 맨 뒤의 벽 따위를 멍하니 바라본다든가 칠판과 테이블을 번갈아 응시하기도 한다. 또한 시간에 자주 신경을 쓰면서 벽시계나 자기 손목을 들여다본다.

이상의 예들은 편의상 분류해서 다룬 것으로 실제로는 몇 가지가 겹쳐서 나타나는 경우가 많다. 효과적인 강의를 위해서는 꼭 피해야 하고 시정해야 할 태도다.

3. 강의 중 문제행동 대처법

① 졸음 처리

학습자가 하품을 하거나 엎드려 있을 경우 강사는 강의에 대한 적신호로 보고 강의방법이나 내용을 학습자에게 맞추어 가야 한다. 즉, 다양한 방법으로 하품과 엎드려 조는 학습자들을 깨워야 한다. 그 방법들로는 다음과 같은 것이 있다.

- 유머 등 예화로 분위기를 조절한다. 성인교육의 화법은 들을 때 기분이 좋아야 한다. 따라서 '흥미-유익-흥미'의 반복이어야 한다. 즉, 15분 단위로 분위기에 변화를 주는 것이 효과적이다.
- 잠자는 사람의 주변 사람에게 질문한다. 잠자는 사람에게 직접 질문하는 것은 가급적 피한다.
- 하품의 질을 구분한다. 즉, 듣고 싶지만 야근이나 아침의 운동이 과해서 오는 신체적인 피로가 있을 수 있으며, 강의에 흥미가 없어서일 수도 있다.
- 실내체조를 하거나 휴식시간을 앞당긴다.

② 잡담 처리

강의 도중에 학습자들이 잡담을 하는 경우가 종종 있다. 즉, 옆사람과 속삭이거나 소리나게 떠드는 경우도 있다. 이때 강사는 잡담을 하는 학습자에게 신경이 쓰여 제대로 강의하지 못할 수 있다. 이럴 경우 어떻게 해야 하는지 살펴보자.

- 그 사람을 존중해 준다. "지금 이야기하고 있는 분, 제가 지금 한 얘기에 대해서입니까?" "다시 한 번 되풀이할까요?" "이해가 잘 안 되는 점이 있습니까?" 어느 대목인가요? 그것은…" 등이 좋으며, 어떤 경우에도 "저기서 말하고 있는 사람 입을 다물어요." "강의 중에는 쓸데없는 말을 하지 말아요."와 같은 표현은 삼간다.
- 잡담을 하는 사람을 이야기 속에 등장시킨다.
- 잡담을 하는 사람 뒤에 가서 서 있는다.
- 휴식이 필요한지를 물어본다.

③ 야유 처리

강의 도중 학습자들이 강사에게 '우' 한다든지 '에이' 한다든지 할 때가 있는데, 이때 야유의 처리법은 원칙적으로 무시하는 것이다. 야유의 정도가 심할 경우에는 정식으로 어떤 부분 때문에 야유가 발생했는지에 대해서 알아본 후 강사가 잘못했을 경우에는 반드시 사과한다.

④ 외부 소음 처리

외부에서 공사하는 소리, 복도에서 학습자들이 떠드는 소리, 휴대폰 소리, 비행기 지나가는 소리 등 학습에 방해가 되는 소음이 발생했을 경우에는 다음과 같이 한다.

- 오래 계속될 경우에는 휴식시간을 앞당겨서 기분전환을 꾀하도록 한다.
- 전화벨이나 호출이 있을 경우에는 알아서 처리한다.
- 외부로부터의 방해자극에 너무 신경을 쓰거나 무시하지 말고 오히려 그 자극을 이용한다. 예를 들면, 강의도중 핸드폰 벨소리가 울렸을 경우 "잠시 딴 세상에 왔을 때에는 핸드폰을 꺼 두는 것도 좋습니다."와 같은 멘트로 유머 있게 넘길 수 있다.
- 강의 상황이 어떠한가에 따라서 외부 방해는 자연스럽게 무시하고 진행할 수도 있고 직접적으로 언급하고 진행할 수도 있다.

⑤ 편견이 강한 학습자 처리

강의를 시작하는데 강사를 쳐다보지 않고 창밖만 바라본다든지, 팔짱을 끼고 오만한 태도로 강사를 응시한다든지 할 경우에는 다음과 같이 한다.

- 편견을 우선 인정한다.
- 학습자의 생각을 물어본다.
- 그들의 생각을 대변하는 형식으로 말한다.
- 학습자에게 이야기를 시켜 본다.

⑥ 지나친 수다 처리

학습과 관련된 내용으로 지나치게 수다스러운 학습자들이 종종 있다. 즉, 말이 많아질 수 있다. 정보를 많이 갖고 있거나 과도하게 열성적인 경우에는 비난조로 대응해서는 안 된다. 말이 많은 학습자에게 발표할 기회를 부여하거나 질문을 하여 학습에 적극 참여케 하여 학습의 효과를 높여 나가는 것이 하나의 방법이 될 수 있다.

⑦ 지나친 도움 처리

지나치게 강사를 도와주려고 할 경우에는 그 학습자에게 서기나 기록자 역할을 맡겨 본다.

⑧ 주제에서 벗어난 경우의 처리

흥미 있는 강의가 지나치면 강의와 관련된 내용에서 벗어날 수 있다. 학창시절 국어 선생님이 첫사랑 이야기를 하다가 한 시간이 다 지나간 경우가 바로 그러한 예다. 강의를 할 때 주제에서 벗어난 경우에는 논점을 다시 밝힌 다음 계속 진행한다. 요점을 말한 다음 "우리는 지금 주제에서 벗어나 있습니다."라고 하고 다시 관련된 내용으로 돌아간다.

⑨ 의견충돌의 처리

학습자 간의 논쟁이 지나칠 경우에는 의견불일치가 발생한 초점을 찾아내고 토론 주제 쪽으로 관심을 환기시키고, 다른 구성원을 토론에 참여시킨다. 예를 들면, "지금 두 사람이 논쟁한 부분에 대해서 A라는 학습자가 이야기한 내용에 동의하시는 분이 A에 대한 입장을 다시 설명해 주시겠습니까? 그리고 B라는 학습자가 이야기한 내용에 동의하시는 분이 B에 대한 입장을 다시 설명해 주시죠." 이렇게 하여 두 학습자 간의 논쟁을 전체가 논의할 수 있도록 전개해 나간다. 또한 의견에는 개인차이가 있다고 직접적으로 말하여 논쟁을 그만두게 할 수도 있다.

⑩ 애매모호한 말 처리

질문이나 질문에 대한 답변이 애매할 경우 "무슨 말입니까?"라고 묻지 말고 "다시 말해 이런 의미입니까?"라고 좀 더 이해하기 쉬운 말로 바꿔서 물어본다. 그 사람의 생각을 가능한 한 바꾸지 말고 표현만 달리한다. 또는 "무슨 얘긴지는 알겠는데, 본 주제와 좀 더 직결시킬 수는 없습니까?"라고 질문하여 애매모호한 말을 명확히 해 나간다.

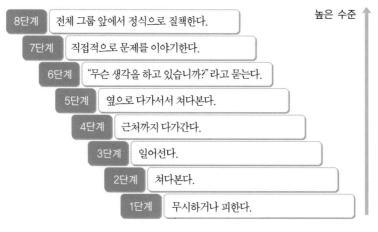

8단계 | 전체 그룹 앞에서 정식으로 질책한다.

7단계 | 직접적으로 문제를 이야기한다.

6단계 | "무슨 생각을 하고 있습니까?" 라고 묻는다.

5단계 | 옆으로 다가서서 쳐다본다.

4단계 | 근처까지 다가간다.

3단계 | 일어선다.

2단계 | 쳐다본다.

1단계 | 무시하거나 피한다.

높은 수준

[그림 5-2] 문제행동 대응 단계

4. 놀이를 통한 교수기법

최근에 교육은 edutainment가 되어야 한다고 말하는 사람들이 많다. education + entertainment의 합성어인 edutainment는 교육을 할 때 다양한 방법을 강구해서 흥미를 유발시켜야 한다는 측면에서 매력 있는 표현이다.

"I learn more about a person in one day of play than in a year of conversation."　　　　　　　　　　　　　　- Plato -

"We are never more fully alive, more completely ourselves, or more deeply engrossed in anything than when we are playing."

- Charles E. Schaefer, Ph.D. -

이와 같이 놀이는 교육에서도 활용 가치가 매우 높다.

Dewey는 경험학습의 모델을 제시하면서 학습자들의 구체적인 경험을 강조하였다.

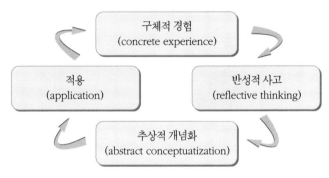

- 구체적 경험: 학습자와 교수자, 학습자, 환경, 교육내용 등과의 상호작용
- 반성적 사고: 토의, 반성, 관찰, 자신들이 행동한 내용 등에 대한 심도 있는 사고활동
- 추상적 개념화: 새로운 경험을 통한 의미 부여, 새로운 경험을 통하여 이전의 지식과 통합적 사고
- 적용: 자신이 경험하고 학습한 내용을 새로운 환경에 적용

[그림 5-3] 듀이의 경험학습 모델

구체적인 경험을 활용하기 위한 교육용 도구로는 고리 던지기, 숫자 맞추기, 제기 차기, 퍼즐 맞추기, 젠가 활용, 투비즈 활용 등이 있다.

〈고리 던지기 활용 예〉

〈숫자 맞추기 예〉

〈제기차기 예〉

〈퍼즐 활용 예〉

〈젠가 활용 예〉

⇨ Toobeez Kit 게임방법

- 32 colorful Tubes(크기별 8개씩 구성) 11인치 8개, 16인치 8개, 24인치 8개, 36인치 8개
- 20 Yellow Spheres　　　• 4 Slide on Curtain Panels　　　• 1 Giant Storage Bag

- 공처럼 생긴 홈에 봉을 연결시켜 구조물을 완성
- 구조물을 원하는 모양으로 완성하는 게임
- 완성된 구조물을 활용하는 게임　　　　　• 구조물을 만들면서 하는 게임

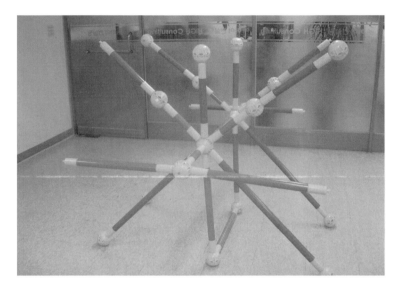

〈투비즈 활용 예〉

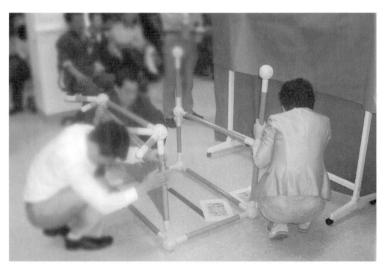

투비즈 도구를 활용하여 의사소통 게임을 하고 있다. 즉, 두 팀으로 나누어 똑같은 도구를 주고 A팀에서 B팀에게 똑같은 구조물을 설명하면서 두 팀이 똑같은 구조물을 만드는 게임이다.

〈투비즈 활용 예〉

스팟기법

1. 스팟이란?

영어로 spot이란, '태양의 흑점, 얼룩점, 장소, 지점, 현장, 행락지, 사마귀, 여드름, 위치, 얼룩, 때, 오점, 지폐, 조금, 점, 형기, 옥의 티, 즉석에서, 당장, 현지, 꼭, 딱, 정확히' 등의 뜻이다. 인적자원개발(Human Resource Development: HRD) 분야에서는 강사나 교육담당자가 분위기 조성과 전환을 위해 유머나 흥미유발 요소들을 모아서 잠깐잠깐 활용하는 것을 스팟기법이라고 한다.

학교보다 오히려 산업교육 분야에서 활동하는 강사나 교육담당자들의 경우 어떻게 하면 성인학습자들의 흥미를 유발시켜 학습에 적극 참여하게 할 것인가에 많은 관심을 가지고 있다. 학습의 현장에서 졸음을 쫓아내고 학습에 관심을 갖고 참여하도록 유도하기 위해 이러한 스팟기법은 많이 활용되고 있으며 지금은 스팟기법 자체를 체계적으로 연구하고 강의하는 강사들도 늘어나고 있다.

① 스팟은 어떻게 준비하나?

S : Study!

뭘 공부하느냐? 학습자들의 흥미와 관심을 불러일으킬 수 있는 것을 끊임없이 연구해야 한다. 학습자들이 지루해하지 않고 자발적으로 학습에 참여할 수 있도록 자극을 주어야 한다. 따라서 강사는 반드시 이러한 스팟을 연구 · 개발하여야 한다.

P: Play!

학습하는 것을 노는 것처럼 즐기게 만들어야 한다. 공부하는 것이 괴롭고 지겨운 것이 아니라 그 자체가 놀이처럼 흥미 있고 즐거워야 한다. 스팟은 학습을 놀이처럼 할 수 있도록 학습효과를 극대화하는 촉매역할을 한다.

O: Orgasm!

성적으로 흥분하여 최고조에 오르는 것이 오르가슴이다. 극도의 흥분상태를 체험하는 것이다. 스팟을 하고 나면 학습의 현장에서 흥미와 관심의 오르가슴 상태를 느껴야 한다.

T : Technic!

전문적으로 프로답게 해야 한다. 다른 사람이 도입했던 부분을 그대로 모방해서 할 경우 참다운 맛이 나오지 않는다. 스팟은 자신의 성향이나 스타일에 맞게 실시해야 효과가 있다.

② 스팟은 언제 활용하나?

갑자기 주어지는 자투리 시간

교육담당자가 강의를 진행할 때 강사가 늦게 도착할 경우, 강사가 교육을 너무 일찍 끝냈을 경우, 휴식시간 후 다시 교육을 시작하는 시점 등에서 활용할 수 있다.

강의 중 시선집중이 잘 안 되거나 기분전환을 필요로 할 때

본 강의와는 별개로 강의 시작 전과 강의 중, 강의 종료 시 등에 다양하게 활용할 수 있다. 대부분의 경우 스팟기법은 자투리 시간을 대신하는 것으로만 생각하는데, 이것은 잘못된 것이다. 갑자기 주어지는 자투리 시간은 물론이고 강의 중에 시선집중이 잘 안 되거나 기분전환이 필요할 경우에 실시하면 효과적이다.

강의의 효과를 극대화하기 위해

학습목표를 달성하기 위해서는 다양한 자료나 기법들이 필요하다. 강의의 효과를 극대화하기 위해 학습자들의 흥미와 관심을 유도할 수 있는 스팟기법을 연구한다.

2. 강의 중 할 수 있는 스팟

① 질문게임

순발력을 강화시키며 어떤 대상자를 선발하기 위해 실시한다. 적정 인원은 4~5명 정도다.

- 무조건 질문만 한다.
- 질문에 웃거나 머뭇거리면 패한다.
- 화를 내거나 질문한 사람을 두 번 보면 패한다.
- 반복되는 질문을 하면 패한다.
- 반말은 해도 된다.
- 질문에 답을 하면 패한다.
- 질문은 바로 옆사람에게 하고 또 그 사람은 바로 옆사람에게 순서대로 질문하면 된다.

★ 질문을 가장 잘하는 사람은? (p. 282)
★ 질문에 답을 가장 잘하는 사람은? (p. 282)

② 369게임

교육 중간에 지루할 경우 실시하면 좋다. 팀별로 진행한다.

- 369에는 박수를 친다.
- 10단위에는 만세를 한다. 예를 들면, 10, 20, 30, 40 등에 만세를 한다.
- 연습을 한 번 한 후 시작한다.
- 제일 먼저 할 사람은 강사가 지명한다.
- 시작하기 전에 369를 네 번 외치면서 팔을 갈비뼈에 친다.
- 팀별로 몇 번까지 하는지 체크하여 점수를 준다.

③ 왼손, 오른손 활용을 통한 환호법

나에게 집중시키거나 스팟타임에서 활용할 수 있다.

- 왼손 한 번 올리면 박수를 친다.
- 오른손 한 번 올리면 '와' 라고 한다.
- 몇 번을 시도한 후, 왼손과 오른손을 동시에 올리면 박수 치면서 '와' 하게 된다.

④ 손가락 맞추기

- 손가락을 가위 모양으로 한다.
- 전체가 다 일어선다.
- 양팔을 벌릴 수 있도록 간격을 넓힌다.
- 손가락을 가위 모양을 한 채 양팔을 벌리고 빠르게 손가락을 가운데서 맞추게 한다.
- 열 번 하여 정확하게 몇 번이나 제대로 맞는지 세어 본다.

피드백

- 왼쪽 손가락이 위로 올라가면 우뇌 콤플렉스, 오른쪽 손가락이 위로 올라가면 좌뇌 콤플렉스, 손가락이 앞뒤로 왔다갔다 하면 나르시시즘에 도취된 것이다.
- 어린아이들은 절대로 못 맞추므로 주먹을 쥐고 맞추게 한다.

⑤ 주먹 쥐었다 펴기

- 주먹을 쥐었다 폈다 한다.
- 1분 내에 가장 빨리 쥐었다 폈다 하여 몇 번이나 하는지 체크한다.
- 10초가 지나면 10초 지났다고 이야기한다.
- 10초밖에 안 지났는데도 불구하고 매우 힘들다는 사실을 안다.

피드백

- 오장육부가 손 안에 있으므로 이 동작은 우선 건강에 좋다.
- 머리가 좋아진다. 미국의 한 심리학자가 조사한 바에 의하면, 이 운동을 하기 전과 하고 난 후를 비교해 본 결과, 이 운동을 하고 난 후 10% 정도의 무의미 철자를 기억했다고 한다.
- 아침 저녁으로 식구들끼리 벽 보고 이 운동을 하면 건강해질 뿐만 아니라 두뇌발달에도 도움이 된다.

⑥ 질문하거나 발표하게 만드는 방법

- 테니스공을 준비한다.
- 테니스공을 던져서 받는 사람이 발표하거나 질문하게 한다.
- 첫 번째 공을 받은 사람은 다른 사람에게 공을 던져서 질문하게 한다.

> ✱ 행복한 부부는 하루에 세 가지를 합니다. 무엇일까요?
> - 눈과 눈을 마주친다(eye to eye).
> - 손과 손을 잡는다(hand in hand).
> - 마음과 마음이 통한다(heart to heart).

⑦ 음식 이름 대기

가족단위로 몇 개의 팀이 있을 경우에 부부끼리 나오게 하여 음식 이름을 돌아가면서 말하도록 한다. 예를 들어, '육개장' 하면 그다음 팀은 '두부찌개' 또 그다음 팀은 '김치찌개'와 같은 식으로 계속하면 된다. 중간에 같은 음식 이름이 나오거나 머뭇거리면 틀린 것으로 간주하여 한 팀씩 탈락시킨다.

8 포옹하기

부부나 연인 간에 한다. 연인간일수록 더 좋은 게임이다. 서로 포옹하게 하여 누가 더 밀착되어 있느냐를 가지고 등수를 매긴다. 또는 풍선을 가슴에 대고 먼저 터뜨리기를 하여도 된다. 부부끼리라면 풍선을 불어서 무릎 위에서 얼굴까지 서로 밀어서 올리도록 하여 어느 팀이 먼저 얼굴까지 올라오느냐로 등수를 매길 수도 있다.

⑨ 연인을 업고 한쪽 다리로 서기

부부간이나 연인 간에 실시하면 재미있다. 또는 파트너를 바꾸어 실시해도 괜찮다. 이것은 남자가 여자를 업고 한쪽 다리로 오래 서 있는 게임이다. 시간이 지날수록 다리가 아파서 이리저리 왔다갔다 하다가 넘어지는 경우, 비틀거리는 경우가 생기므로 아주 재미있다.

⑩ 부부싸움 시 물건 이름 대기

부부가 싸움할 때 던지는 물건의 종류를 번갈아가면서 말하게 한다. 처음에는 작은 물건부터 말하기 시작하다가 나중에는 냉장고, TV, 에어컨 등 다양한 물건이 나오기 때문에 아주 재미있다.

⑪ 뒤로 돌아서 고개 돌리기

이 게임은 짝짓기할 경우에 하면 재미있다. 두 사람을 앞으로 나오게 하여 '하나, 둘, 셋' 하면 고개를 오른쪽이나 왼쪽으로 돌리게 하여 같은 방향이 나오는 팀을 짝으로 하면 된다.

⑫ 뒤로 돌아서 엉덩이 들이받기

두 사람을 앞으로 나오게 하여 일정간격을 유지시킨 후 '하나, 둘, 셋' 하면 엉덩이를 서로 받게 한다. 먼저 넘어지는 사람이 지는 것이다. 남자끼리 또는 여자끼리 실시해 보면 재미있다.

⑬ 네모 모양 많이 뒤집기

두 팀으로 나누어서 네모 모양이나 동그라미 모양의 앞뒷면이 틀린 것을 여러 장 준비해서 서로 많이 뒤집기를 한다. 상대방이 뒤집어 놓은 것을 다시 뒤집어도 된다. 아이들의 경우 신이 나서 잘 놀수 있다.

14 닭싸움하기

한쪽 다리를 다른 쪽 무릎에 올리고 한 손으로 잡는다. 그런 다음 상대방과 구부린 무릎끼리 부딪쳐서 넘어뜨리면 이기는 게임이다. 가족끼리 하면 재미있다.

15 제기차기

제기 하나만 준비하면 한두 시간은 재미있게 놀 수 있다.

16 신체 부위 땅에 접촉하기

진행하는 사람은 우선 팀원들을 일렬로 세워 놓고 자신은 앞에 선다. 그런 후 지금 신체 부위 중 땅에 닿아 있는 부분이 몇 군데인지

묻는다. 양발이 닿아 있으므로 두 군데라고 할 것이다. 그렇게 설명
한 후 팀별로 나누어 게임을 시작한다.

예를 들면, 4~5명이 한 팀이 되었을 경우 '신체 부위 4개' 하면
그 팀에서 4개의 신체 부위가 땅에 닿아야 한다. '2개' 하면 2개,
'하나' 하면 하나만 닿아야 한다. '0' 하면 하나도 닿지 않아야 한
다. 이 방법은 스킨십을 도모할 수 있다.

⑰ 6, 5, 4, 3, 2, 1

- 학습자들을 일렬로 세운다.
- 앞사람을 여섯 번 두들겨 주게 한다. 또는 주물러 주게 한다.
- 이번에는 반대로 뒤에 있는 사람을 여섯 번 두들겨 주거나 주물
  러 주게 한다.
- 이번에는 네 번 번갈아가면서 두들겨 주거나 주물러 주게 한다.
- 다음에 세 번, 두 번, 한 번 하고 짝짝 하게 한다.
- 이렇게 할 때 강사는 '하나 둘 셋 넷 다섯 여섯' '하나 둘 셋 넷
  다섯' '하나 둘 셋 넷' '하나 둘 셋' '하나 둘' '하나' '짝짝'을
  말로 해 준다. 처음에는 천천히 하다가 다음에는 조금 더 빠르
  게, 그다음에는 더 빠르게 진행할 수 있다. 앞뒤로 했다가 다음
  에는 약간 비스듬히 옆으로 서게 해서 한다. 졸리거나 몸을 움
  직일 필요가 있을 때 도움이 된다.

⑱ 두들겨요, 두들겨

현장에서 가장 많이 사용하는 방법이다. 상대방의 몸을 두들겨 주는 방법인데, 그냥 두들겨 주는 것이 아니라 좀 더 재미있게 하는 방법이다.

- 모두 '우향 우' 하여 옆사람의 어깨를 주물러 주게 한다. 반대로도 한다.
- 이번에는 어깨를 두들겨 주게 한다. 어깨를 두들기게 할 때도 그냥 하는 것이 아니라 처음에는 시속 10km, 30km, 50km, 100km, 무제한 등으로 하는 것이 좋다.
- 두들길 때 백두산부터 제주도까지 지도를 그리면서 하기도 한다. 즉, '백두산' 하면 머리, '평양' 하면 목, '서울' 하면 등, '부산' 하면 엉덩이, '제주도' 하면 다리를 두들기게 한다.
- 대부분 등이나 목만 두들겨 주는데, 머리를 두들겨 주는 방법도 있다. 상대방의 머리를 가볍게 만져 주기도 하고 손끝으로 두들겨 주기도 한다. 이렇게 하면 혈액순환에도 좋고 머리도 맑아진다고 하면서 재미있게 할 수 있도록 유도한다.

⑲ 오빠게임

왼손, 오른손의 손가락을 가지고 하는 게임이다. 집중시킬 필요가 있을 때 하면 좋다.

- 오른손가락을 하나씩 꼽으면서 하나 구부리면 '일', 둘 구부리면 '이', 셋 구부리면 '삼', 넷 구부리면 '사', 다섯 구부리면 '오'라고 한다. 일단 시범을 보이면서 따라하게 한다.
- 왼손은 주먹일 경우에 '묵', 가위일 경우에 '찌', 보자기일 경우에 '빠'라고 한다. 일단 따라해 보게 한다.
- '머리가 좋은지 나쁜지 알아보기 위해 한다.'라고 말한 후 왼손과 오른손을 번갈아가면서 따라하게 한다.
- 어느 정도 잘 따라하면 오른손은 오를, 왼손은 보자기, 즉 빠를 하게 한다.
- 이렇게 왼손과 오른손을 번갈아하면 '오 빠, 오 빠, 오 빠'가 되는 것이다.

교육 종료 시점에서 하면 좋다. 그리고 나이가 있는 강사는 여성 학습자가 많을 경우 활용하여 평소에 오빠라는 단어를 사용할 기회

가 별로 없으므로 강사에게 오빠라고 부를 수 있는 기회를 준 것이라고 말하면서 하면 된다.

⑳ Before 게임

이 게임은 패러다임의 전환을 설명하기 위해 실시할 수 있다.

- 손가락을 하나씩 접으면서 하나 접을 경우 1, 두 개 접을 경우 2, 세 개 접을 경우 3, 네 개 접을 경우 4 등으로 설명한다.
- 다음은 기본을 말한다. 즉, 기본을 3으로 하고 난 후 손가락을 2개 접으면 정답은 무엇일까? 정답은 3이다. 다음에 4개 접을 경우 정답은 무엇일까? 정답은 2이다. 다음 하나 접을 경우 정답은 4이다. 즉, 정답은 지금 현재 손가락을 접기 바로 전에 손가락을 접은 개수가 정답이다. 왜냐하면 기본적인 게임의 룰이 Before 게임이기 때문이다.

㉑ 핸드폰게임

핸드폰으로 할 수 있는 놀이에는 여러 가지가 있다.

- 우선 핸드폰을 모두 꺼내게 한다.
- 강사나 진행자가 자신의 핸드폰 번호를 가르쳐 준다.
- 모든 사람에게 번호를 가르쳐 주고 자신의 번호로 전화하게

한다.

- 강사와 제일 먼저 통화를 하는 사람에게 상품을 준다.

피드백

- 우선 자신의 전화번호를 공개적으로 모든 사람에게 가르쳐 준다. 남성의 경우 여성들이 많은 강의장에서 하면 공개적으로 자연스럽게 자신의 전화번호를 남기는 효과도 얻을 수 있다.
- 진행하면서 중간에 재미있는 멘트를 하면 더욱 효과적이다. 즉, "상품 준다고 하니까 강사는 쳐다보지도 않고 전부 핸드폰만 쳐다보고 있네요." "이런 게임은 엄지족(문자 메시지를 아주 잘 활용하는 세대를 지칭)들이 상품을 탈 확률이 높겠죠?" "남성의 경우 같은 남성, 여성의 경우 같은 여성과 제일 먼저 통화를 하게 되면 다시 하겠습니다."와 같이 말할 수도 있다.

22 도우미 팀 빌딩

이 게임은 상대방 입장에서 생각해 보는 연습을 하는 것이다. 또한 직접 체험을 통하지 않고는 잘 이해할 수 없다는 것을 알게 한다. 팀 전원이 합심하지 않으면 목적을 달성할 수 없으며 Ice Breaking 목적으로 하기도 한다. 팀별로 게임을 하기 위해 실시하기도 한다.

- 고무풍선을 일정한 크기로 분다.
- 고무풍선을 ㄷ자 모양으로 배열한다.
- 팀을 3~4명 단위로 나누어 게임한다.
- 한 명씩 눈을 감고 고무풍선 ㄷ자 모양에 들어가서 끝까지 갔다 오게 한다.
- 이때 나머지 팀원들은 왼쪽, 오른쪽, 앞으로, 뒤로, 옆으로라고 가르쳐 주면서 고무풍선에 닿지 않도록 한다.

- 고무풍선에 닿지 않고 최대한 빨리 갔다 오는 팀이 이기는 것이다.

23 치고 빠지기

- 왼손은 엄지와 검지를 붙여 동그랗게 만든다. 즉, 오링을 만들게 한다.
- 오른손은 가위 바위 보 할 때의 가위를 만들게 한다.
- 그런 다음 왼손은 오링한 모양을 세로로 한다.
- 오른손은 오른쪽에 있는 사람의 오링한 곳에 삽입하게 한다.
- 가로로 사람들이 많이 앉아 있을 경우에 옆사람은 다시 옆사람에게 가위 한 손가락을 삽입하게 한다.

- 먼저 '하나, 둘, 셋' 하여 손가락을 삽입한 사람은 빨리 빠져 나와야 하고 오링한 손에 들어온 손가락을 빨리 잡으면 이기는 게임이다.
- 진행자는 처음에 할 때 아주 큰 소리로 하나, 둘, 둘 반 하면서 모두 잡거나 빼거나 한다.
- 두 번째의 경우에는 둘 반이 없다고 이야기하면서 이번에도 아주 큰 소리로 하나, 둘, 둘 한다. 그러면 마찬가지로 잡거나 빼거나 한다.
- 마지막 세 번째는 하나, 둘, 둘 반도 안 하고 둘도 안 한다고 이야기한다. 그러면서 하나, 둘은 아주 크게 말하고 셋은 크지도 않게 그냥 셋 한다. 이러면 빼지도 잡지도 않게 된다. 이렇게 함으로써 웃음을 유도할 수 있다.

피드백

사람이 치고 들어갈 때 잘 들어가야 되고 빠져 나올 때 잘 빠져 나와야 한다고 하면서 게임에서 이기려면 항상 준비가 잘되어 있어야 한다고 이야기한다. 즉, 크게 말을 하든 작게 말을 하든 항상 긴장하고 있어야 게임을 이길 수 있다는 것이다.

24 Kaizen Activity

이 게임을 통해 speed, simplicity, boundaryless 등을 이해할 수 있다. 카이젠은 일본의 카이젠, 즉 개선방식에서 유래된 것이다.

업무의 프로세스를 개선하는 데 도움을 주기 위한 것이다.

- 가능한 한 빨리 팀원이 1번부터 30번까지의 번호판을 순서대로 터치하고 원위치하는 것이다.
- 가능한 한 빨리 팀원이 30번부터 1번까지 역순으로 다 뒤집어진 번호판을 새로 복구하도록 하는 것이다. 이 방법은 첫 번째 과제를 해결하고 난 후 한다.
- 시간은 약 1시간 정도, 장소는 넓은 공간만 있으면 된다. 준비물로는 1~30까지 써 있는 30개의 원형 번호판, 초시계, 호루라기, 원을 표시할 수 있는 청색 테이프 또는 분필 등이 필요하다.
- 팀원 중 한 명만 원 안에 들어갈 수 있고 나머지는 원 밖에서 번호판을 터치한다.
- 1부터 30까지의 번호판을 순서대로 터치해야 하며 반드시 번호를 큰 소리로 외쳐야 한다.
- 규칙을 어기면 건당 10초 가산의 벌칙을 준다.
- 1, 2차 실시 후 전략을 강구할 시간을 5분씩 준다. 일반적으로 3회 실시한다.
- 1차 실시의 경우 팀리더들이 가위 바위 보를 해서 순서를 정한다.
- 정해진 순서에 따라 팀원은 출발선에 서서 호루라기 소리와 함께 원을 향해 뛰어간다.
- 도착하자마자 1부터 30번까지 터치하면서 다른 사람이 들을 수 있도록 외친다.

- 팀별로 1차에 대한 반성 및 2차 실시에 대한 전략수립 시간을 준다(best practice 활용).
- 2차 실시
- 3차 실시 전 경쟁사의 사례를 얘기해 주고 사고 발상을 새롭게 해야 한다고 제시한다.
- 3차 실시

피드백

- 소수의 의견이 묵살되지 않았는가?
- 팀워크의 중요성을 인식하였는가?
- 획기적인 아이디어를 어떻게 구했는가?
- 무엇을 느꼈는가? (업무의 개선, 프로세스, 현장 확인 등)

²⁵ 매직 넘버

학습자들의 머리가 좋은지, 강사의 머리가 좋은지 테스트해 보자고 한 후, 만약에 학습자들이 이기면 오늘 저녁은 내가 사겠다고 하여 동기를 부여한다.

- 학습자들에게 숫자 3단위를 부르게 한다. 예를 들어, 한 학습자가 255라고 하면 부르는 숫자를 칠판에 받아 적는다. 다음 학습자가 827이라고 하면 마찬가지로 칠판에 받아 적는다. 그다음 학습자가 136이라고 하면 마찬가지로 칠판에 받아 적는다.
- 학습자 세 명이 아무 숫자나 불렀기 때문에 강사도 두 개의 숫자를 말하겠다고 한다. 그리고 두 숫자를 칠판에 적을 경우 하나의 숫자가 1000이 되게 하여 총합이 2000이 되게 한다. 즉, 강사는 745란 숫자와 173이란 숫자를 적는다.
- 이렇게 하면 총숫자는 2000 하고 나머지 숫자를 그냥 적으면 답이 된다. 그래서 암산한 답은 2136이 된다.

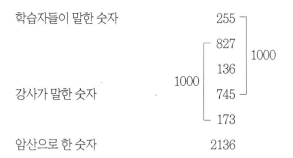

학습자들이 말한 숫자	255
	827
	136
강사가 말한 숫자	745
	173
암산으로 한 숫자	2136

아래 그림을 보고 순서를 나열해 보자.

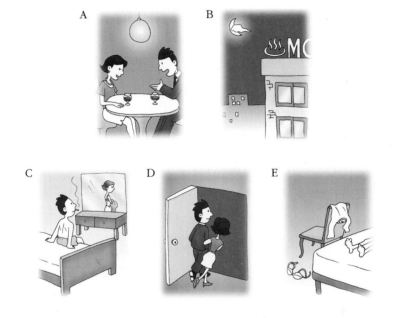

첫 장면을 어느 것으로 택하느냐에 따라 다양한 이야기가 나올 수 있다.

- A를 선택한 사람: 이론가 타입, 일의 시작과 끝을 분명하게 매듭짓는 사람이다. 이성과의 교제에서도 신중하며 깊은 관계를 맺기 쉽다.

- B를 선택한 사람: 여성이든 남성이든 분위기에 약하며 연애에 빠지기 쉽다. 여성은 달콤한 말에 약하며 상대방을 쉽게 믿기 때문에 사기당하는 일도 많다.

- C를 선택한 사람: 이성과의 육체 경험이 없는 사람이다. 이 장면은 체험자의 90% 이상이 사후의 일로 판단하고 있다.
- D를 선택한 사람: 가장 많이 꼽는 장면이다. 특히 남성은 이 장면에서 이야기를 시작하는 경우가 많다. 정상적인 도덕가 스타일이다.
- E를 선택한 사람: 상식에서 벗어난 일을 하기 쉽다. 이 장면을 첫째로 꼽는 경우는 매우 드물다.

보통 D-E-C-A-B의 순서로 많이 말한다. 만일 D-A-E-C-B라고 한 여성이라면 경험이 많은 경우에 해당되며 평소에 이런 일에 적극적이다. 또한 A를 E보다 앞에 놓는 여성의 경우 성적 욕구가 강함을 나타낸다. 만일 B-D-E-C-A라고 한 남성이라면 이런 사람은 분위기에 약한 편이다. B-A-D-E-C라고 했다면 로맨티스트지만 성적인 관심이 강하며 자연스럽게 욕구를 발산시키는 데 서투른 사람이다.

27 고스톱이 주는 인생의 지혜

비 풍 초 똥 팔 삼

살면서 무엇인가를 포기해야 할 때 우선순위를 매김으로써
위기상황을 극복해 나가는 과정을 가르침.

광박

인생은 결국 힘 있는 사람이 이긴다는 무서운 사실을 가르침으로써
최소한 광 하나는 가지고 있어야 인생에서
실패하지 않음을 깨우치게 함.

피박

쓸데없는 피가 고스톱에서 얼마나 중요한지를 깨우치게 해서
사소한 것이라도 결코 소홀히 보지 않도록 함.

나가리

인생은 곧 '나가리' 라는 허무를 깨닫게 해 주어
그 어려운 '노장사상' 을 단번에 이해하게 함.

28 누가 보고 있나?

여자의 엉덩이를 보고 있는 사람은 누구일까? (정답 p. 282)

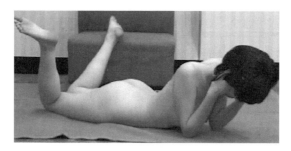

29 What is it?

다음에서 It이 공통으로 의미하는 것은 무엇일까? (정답 p. 282)

- It is greater than God.

- It is more evil than the devil.

- Poor people have it.

- Rich people more it.

• If you eat it, you will die.

초등학생에게 물어보면 85%가 정답을 맞추고, 중학생에게 물어보면 65%, 고등학생은 25%, 대학생은 15%, 성인은 5% 정도 맞추는 경향이 있다.

30 있고 없고?

왼쪽에는 있고 오른쪽에는 없다. 그 차이점은? (정답 p. 282)

이순신에는 있고	세종대왕에는 없고
교사에는 있고	선생에는 없고
판사에는 있고	법관에는 없고
일본에는 있고	미국에는 없고
삼각형에는 있고	밑변에는 없고
오른쪽에는 있고	왼쪽에는 없고

31 박수 활용법

박수를 활용하여 학습 분위기를 살리는 것은 전통적으로 많이 활용되는 방법이다. 우선 박수에 의미를 많이 부여한 후 실시하는 것이 좋다. 예를 들면, 손 안에는 오장육부가 다 연결되어 있어서 박수를 많이 치면 건강해진다는 것을 알려 준다. 또한 손바닥에는 많이 바이러스들이 묻어 있는데, 박수를 한 번 칠 때마다 나쁜 바이러스

들을 박멸할 수 있다고 말한다. 박수를 한 번 칠 때마다 수만 마리의 병균을 퇴치할 수 있다는 것이다. 이와 같은 내용을 먼저 이야기한 다음에 박수를 유도한다. 박수를 유도하는 방법은 여러 가지가 있지만 여기서는 몇 가지만 소개한다.

- 우선 '박수 두 번' 하면 '짝짝' 한다.
- '박수 다섯 번' 하면 어떻게 칠까? 그냥 다섯 번 치는 것이 아니라 2002년 월드컵 때 '대~한 민국'을 외치면서 쳤던 박수를 치게 한다.
- 그다음 '박수 열세 번' 하면 삼삼칠 박수를 치게 한다.
- 그다음 '박수 열다섯 번' 하면 그냥 바르게 치게 한다.

피드백

강의 시작 전에 한 번 도입하고, 강의 중간에 박수 두 번, 박수 다섯 번, 박수 열세 번, 박수 열다섯 번 하면 자동적으로 그러한 가락에 맞게 박수를 유도할 수 있다.

32 1분 느끼기

모두 눈을 감게 한다. 눈을 감고 스스로 1분을 느껴 보게 한다. 눈을 감고 있는 동안 강사는 여러 가지 재미있는 이야기를 많이 하여 학습자들이 60초를 세지 못하게 유도한다. 60초가 되었다고 생각되는 학습자는 조용히 손을 들게 한다. 가장 먼저 손을 든 사람, 그리고 정확히 60초에 손을 든 사람, 마지막으로 가장 늦게 손을 든 사람을 체크해 둔다. 손을 다 들고 나면 모두 눈을 뜨게 한다. 60초의 의미, 즉 시간은 이렇게 개인마다 다르게 느껴진다는 것을 알 수 있다.

피드백

시간에는 양적인 시간이 있고 질적인 시간이 있다. 양적인 시간이란 정확히 시계로 60초를 말하는 것이고, 질적인 시간이란 60초가 경우에 따라서는 15초로 느껴질 수도 있고, 45초로 느껴질 수도 있고, 2분으로 느낄 수도 있다는 것이다. 이처럼 살아가는 동안 내가 어떻게 의미 부여를 하느냐에 따라 세상은 달라질 수 있다.

33 내게 가장 소중한 사람은?

- 그림과 같이 양손가락 끝을 서로 마주 보게 하여 붙인다. 그런 다음 가운뎃손가락만 굽히게 한다.

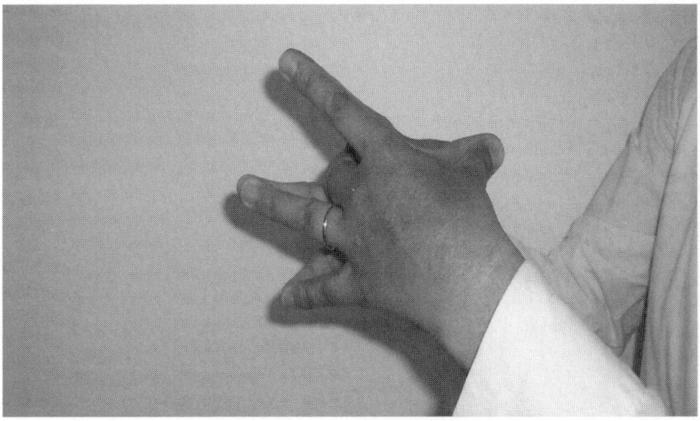

- 마음속으로 엄지손가락과 검지손가락, 가운뎃손가락, 약지손가락, 새끼손가락 각각에 본인이 생각하는 사람을 매칭시킨다.
- 엄지손가락은 홍길동, 검지손가락은 이순신, 가운뎃손가락은 김정일, 약지손가락은 이미자, 새끼손가락은 서태지 등 본인이 좋아하는 사람이나 싫어하는 사람을 각각의 손가락에 매칭시켜 보게 한다.

피드백

가운뎃손가락을 생각한 사람은 가장 필요 없는 사람이다. 왜냐하면 이미 구부러져 있기 때문이다. 엄지손가락과 검지손가락, 그리고 새끼손가락은 모두 떨어져 살아도 괜찮은 사람이다. 왜냐하면 손가락이 떨어지기 때문이다. 가장 중요한 사람은 약지손가락과 일치하는 사람이다. 왜냐하면 이 손가락은 떨어지지 않는다. 일부러 떨어뜨리려고 해도 떨어지지 않는다.

🏵️ 정답

p. 254　신랑(질문 공세), 신부(질의 응답)

p. 278　바로 자기 자신이다. 본인이 보고 있다.

p. 278　Nothing

p. 279　숫자

명강의를 위한 요건

1. 강의실습 진행

① 목적

- 강사가 담당할 부분의 학습내용을 완전히 파악한다.
- 강사양성 과정에서 익힌 제반 기법을 최대한 활용하고 이를 습득한다(학습원칙, 화법, 강의기법, 교안 작성, 기타 기법).
- 강사 자신의 장단점을 평가하고 이를 수정, 보완하여 이후 강의에 대비한다.

② 진행방법

- 강의내용은 각자가 담당하고 있는 부분으로 한다.

- 강사에게는 교육 전 또는 교육 첫날 이를 과제로 부여하고 준비하게 한다.
- 1인당 발표시간은 15분으로 한다.
- 시간관리는 다음 발표자가 한다. 시간관리자는 12분이 되면 종을 한 번 울리고 15분이 되면 종을 연타한다.
- 강의평가표(Practice of Teaching: PT)를 작성하게 한다.
- PT 평가표는 F/B 후 모아서 발표자에게 준다.
- 시작 시 본인의 이름과 소속을 크게 말한다.
- 강평 시 같은 내용은 중복되지 않게 하고 실제로 강평하는 것처럼 한다. 즉, 강단에 서서 하게 한다.
- 관대하게 평가하지 말고 동료를 위한다는 생각으로 조언하게 한다.
- 피드백 받는 사람은 한 마디의 변명도 해서는 안 된다. 실제 강의 시 학습자들에게 변명할 여지가 없는 것과 마찬가지다.
- I-message를 사용한다. "당신의 이런 부분이 마음에 안 듭니다. 고쳐 주십시오."라는 식의 표현이 아니라 "제가 생각하기에는 이렇습니다. 이렇게 느껴집니다."라는 식으로 표현하게 한다.

③ 준비사항

- 각자 강의안
- 시계
- P/T 평가표
- 종

2. 강의평가표

〈표 7-1〉 강의평가표

평가 요소	착안사항	평가수준				
		A	B	C	D	E
준비 도입	• 교안 작성 • 시간계획 • 학습성과 설정 • 도입방법					
강의 진행	• 몸의 움직임(제스처) • 시선 • 소리 고저 • 말씨 · 간투어 • 질문 • 요점 강조 • 칠판 사용법 • 교보재 사용법 • 시간통제					
강의 내용	• 내용의 충실성 • 논리적, 체계적 전개 • 논리의 일관성 • 중점 강조					
종결	• 내용 요약정리 • 재동기 부여 • 학습성과의 도달 정도					
종합평가						
주	A: 매우 좋다 D: 약간 개선해야 한다 B: 좋다 E: 많이 개선할 필요가 있다 C: 보통					

날짜	년 월 일	실습시간	예정	분	피평가자		평가자	

장점	개선점	개선방법

3. 명강의를 위한 30가지 법칙

1. 학습자들과 시선(eye contact)을 잘 맞추어야 한다.
2. 교단을 넓게 활용한다.
3. 적절한 신체언어와 제스처를 사용한다.
4. 평소의 나쁜 버릇을 고쳐야 한다.
5. 마이크를 잘 사용한다.
6. 학습자의 인식이나 태도에 적절하게 대처한다.
7. 교육매체를 적절하게 활용한다.
8. 서론, 본론, 결론과 클라이맥스를 적절하게 배분한다.
9. 강의 첫 5분과 마지막 5분을 잘 관리한다.
10. 강의의 전개(본론) 단계에서는 강의법 외 다른 방법을 적절히 사용한다.
11. 강의 결론에서는 반드시 요약과 강한 메시지를 전달한다.
12. 음성의 고저강약을 조화 있게 한다.
13. 예화와 유머, 적절한 사례를 많이 사용한다.
14. 강의장 환경을 학습 분위기에 맞게 조절한다.
15. 공격적인 학습자에게 잘 대응한다.
16. 강사의 외형적인 모습에 신경을 쓴다.
17. 강의주제에서 벗어나지 않는다.
18. 시간을 엄수한다.
19. 교육이 한 시간 이상이면 반드시 휴식시간을 준다.

20. 보조자료를 반드시 준비한다.

21. 객관성 있는 이야기를 한다.

22. 학습자 위에 군림하려 하지 않는다.

23. 표현 그 자체도 중요하지만 인간적인 믿음, 유대관계가 중요하다.

24. 대화체를 많이 사용한다.

25. 학습자의 눈높이에 맞는 용어를 선택한다.

26. 시청각자료를 많이 활용한다.

27. 학습자들끼리 논쟁을 벌이도록 놓아 두지 않는다.

28. 무엇보다도 강사의 열의가 중요하다.

29. 학습자들에게 발표할 수 있는 기회를 주고 이에 귀를 기울인다.

30. 성인교육은 '흥미' 가 있어야 한다.

4. 명강의를 위한 요건

지금까지 명강의를 위한 교육방법에 대해 이론적인 부분과 실제적인 측면에서 살펴보았다. 마지막으로 명강사가 되기 위한 몇 가지 조건을 제시하면 다음과 같다.

첫째, 전문지식을 갖추어야 한다. 강의내용에 대한 충분한 지식과 경험을 가지고 있어야 한다. 어떤 강의를 하든지 강의하는 분야에 대해서는 누구보다도 열심히 공부해야 한다. 그 공부야말로 강의를 잘하기 위한 가장 기초적인 부분이다. 단, 공부를 하되 이론적인 측면과 실제적인 측면을 고루 겸비한다. 지식이 없으면 강의의 깊이가 없고 경험이 없으면 강의의 설득력이 없을 수 있다. 강사는 자신이 강의하고자 하는 분야에 대한 철저한 전문지식을 가지고 있어야 할 뿐만 아니라 최신 자료들을 항상 새롭게 업데이트해 나가야 한다.

둘째, 끊임없는 자기개발을 해야 한다. 항상 똑같은 내용으로 똑같이 하는 것은 앵무새와 다를 바 없다. 미국 MIT 공대의 조사에 따르면 우리가 배우는 지식들은 매 11시간마다 두 배로 증가한다고 한다. 본인이 가지고 있는 전문지식에 대해서 끊임없이 수정, 보완하지 않으면 그만큼 강사의 수명이 짧아진다는 것이다. 요즘 박사의 유효기간에 대한 이야기가 있다. 박사의 유효기간은 박사취득에서 무덤까지라고 하는데, 필자가 볼 때는 인문사회과학 분야의 경우는 6개월, 자연과학 분야의 경우는 3개월 정도다. 왜냐하면 사회환경이 매우 빠르게 변화하고 있을 뿐만 아니라 그에 못지않게 새로운 지식이 증가하고 있기 때문이다. 그러므로 박사학위 취득 후 3개월 또는 6개월간은 그동안 공부한 것으로 생활할 수 있으나 그 기간이 지나도록 새롭게 자기개발을 해 나가지 않으면 그 박사는 박사이긴 하지만 명함박사라는 것이다. 즉, 명함에만 박사라고 써서 다니는 박사라는 것이다. 강의하는 사람도 마찬가지다. 요즘은 인터넷의 발달로 정보의 홍수시대에 살고 있기 때문에 웬만한 과거의 자료들은 학습자들이 다 알고 있다.

셋째, 가르치는 기술이 있어야 한다. 지식이 많은 것과 가르치는 능력은 다르다. 머릿속에 가지고 있는 것을 실제로 남에게 전달하는 능력은 아주 다른 부분이다. 따라서 자신의 생각을 잘 정리해서 상대방의 머릿속에 깊이 간직할 수 있도록 어떻게 전달할 것인가, 즉 어떻게 가르칠 것인가 하는 방법에 대해 고민해야 한다. 강사는 모름지기 자기의 지식을 상대에 맞추어 이해시킬 수 있는 기술 또는 기능을 갖추고 있어야 한다. 그런 의미에서 뛰어난 화법이나 상대방을 강의에 집중시키는 방법 등을 익힐 필요가 있다. 몇 년 전만 해도 대학교육에서는 21세기에 학생들이 갖추어야 할 핵심역량으로 컴퓨터를 자유자재로 활용할 수 있는 역량과 영어를 잘 구사할 수 있는 역량을 강조하였다. 그런데 지금은 이미 보편화된 일반적인 역량이 되었다. 다시 한 번 21세기에 필요한 핵심역량을 생각해 본다면 무엇이 있겠는가? 의사소통 역량도 그 하나가 될 수 있을 것이다. 왜냐하면 우리가 살고 있는 시대는 지식기반사회이기 때문에 모든 힘의 근원이 지식에서 나오게 된다. 그런데 이 지식은 인터넷이라는 문명의 발달로 인하여 여러 곳에서 얻을 수 있다. 이렇게 얻은 지식을 다른 사람들에게 어떻게 전달하느냐가 매우 중요하다. 똑같은 사실도 어떤 사람이 이야기하면 거짓말 같지만 다른 사람이 그 내용을 전달하게 되면 거짓말도 참인 것처럼 들리는 경우가 있다. 이것이 바로 전달하는 능력 또는 가르치는 능력이다. 많은 대학교수들이 아는 것은 많은데, 가르치는 기술이 부족하여 자신이 갖고 있는 지식을 학생들에게 제대로 전달하지 못하는 경우가 있다. 즉, 학생들에게 매우 도움이 되는 지식임에도 불구하고 교수 기술이 부족하여 학습자들이 다른 생각을 한다든지, 주의집중을 하지 못한다든지 하는 경우가 있다. 명강의를 하기 위해서는 자신의 분야에 대한 전문지식 못지않게 가르치는 기술을 배우고 익혀야 한다.

넷째, 청중을 설득하는 방법을 잘 활용해야 한다. 청중을 설득하는 방법에는 크게 세 가지가 있다. 발표자의 명성이나 신용을 바탕으로 청중을 설득하는 에토스(ethos), 청중의 감정에 호소하는 방법인 파토스(pathos), 연구결과 통계수치를 활용하는 로고스(logos) 등이 있다. 에토스는 강의할 때 강사 자신의 명성이나 신용을 소개하면 설득력이 더 있게 된다는 것이다. 즉, '내가 이 분야에서 10년 동안 경험한 바에 의하면' 또는 '하버드 대학교에서 알버트 교수와 이 부분에 대해서 같이 연구한 결과' 등 발표자의 명성이나 신용을 은연중에 상대방에게 인식시키는 것이 설득하는 데 도움이 된다는 것이다. 파토스는 강의 중간중간에 재미있거나 흥미 있는 사례나 유머 또는 스팟과 같은 부분들을 잘 활용하면 상대방을 설득하는 데 도움이 된다는 것이다. 로고스는 '교육부 자료에 의하면' '국토개발연구원에서 조사한 2008년 통계자료에 의하면' 등과 같이 통계적인 숫자를 가미할 경우 훨씬 설득력 있는 강의가 된다는 것이다.

다섯째, 임기응변에 능해야 한다. 강의 도중 예기치 않은 일이 발생할 경우 자연스럽게 대처할 수 있어야 한다. 질문시간이 아닌데 질문이 나온다든가, 환자가 생긴다든가 또는 강의시간이 부족하거나 남는 경우, 강의 기자재가 제대로 작동하지 않는 경우 등 돌발사태에 대해 임기응변의 적응력이 있어야 한다. 최근에는 교육내용을 파워 포인트로 작성하여 빔 프로젝트를 통하여 강의하는 등 멀티미디어를 활용하는 경우가 많다. 그런데 강의 시작 전 빔 프로젝트가 제대로 작동하지 않는다든지, 아니면 강의 중간에 빔 프로젝트가 다운된다든지 할 경우 당황하여 강의를 제대로 하지 못하는 경우가 있는가 하면 또 어떤 경우에는 강의내용이 숙지되지 않았기 때문에 무슨 말을 해야 할지 몰라서 강의를 중단하는 경우도 있다. 유능한 강사는 이와 같은 위기상황에 항상 준비가 되어 있어야 한다. 위기상황에서도 자연스럽게 학습자들을 리드해 나갈 수 있어야 한다.

여섯째, 열정을 가지고 있어야 한다. 강의가 재미있거나 흥미 있다면 대부분 강사의 열정이 있는 강의다. 열의가 없는 강의는 수면제가 될지언정 학습자의 잠재능력을 깨우치는 자극제는 될 수 없다. 강사가 불타지 않고서는 학습자를 불태울 수 없다. 그렇다면 강사의 정열을 불태우는 에너지는 어디서 나오는가? 이것은 강의내용에 대한 철저한 준비와 준비한 것을 학습자들에게 잘 전달하고자 하는 성취의욕에서 나온다. 그러므로 강사는 강의 전에 철저히 준비하고 강단에 서는 것이 중요하다. 그 준비를 바탕으로 강의에 혼을 불어넣어야 한다. 위에서 강조한 전문지식도 중요하고, 가르치는 기술도 중요하고, 임기응변도 중요하지만 무엇보다도 중요한 것 중의 하나가 자신이 강의분야에 혼이 담긴 열정을 가지고 임하는 것이다.

일곱째, 좋은 인간관계를 형성해야 한다. 강의뿐만 아니라 모든 사회생활의 기초가 되는 것이 인간관계다. 강의 이전에 학습자와 인간적으로 친해져야 한다. 강의를 통하여 공식적으로 배우는 것도 중요하지만 비공식적인 관계 속에서 학습하는 부분이 효과가 더 크고 지속적일 수 있다. 예를 들면, 학습자의 입장에서 강사가 마음에 들면 훨씬 더 강의에 집중하며 강의효과도 클 수 있다. 따라서 명강사가 되기 위해서는 학습내용 외에 인간적인 매력과 호감으로 친밀한 분위기를 조성해야 한다. 그래야만 강의장에서 말하고 듣는 일이 잘 결합된다. 아무리 열정이 있고 전문지식이 있더라도 강사와 학습자

간의 기본적인 인간관계가 성립되지 않으면 학습자들이 잘 들어 주지 않을 것이다.

여덟째, 강사는 종합적인 연출자 역할을 해야 한다. 연극이나 영화, 드라마를 보면 배우들이 연기를 하지만 그 연기를 잘하도록 보이지 않는 곳에서 하나하나 신경을 쓰고 책임지고 있는 사람은 연출가다. 강사도 마찬가지다. 강의를 처음 하는 순간부터 강의 중간, 그리고 마지막까지 강의를 성공적으로 잘하도록 하는 1인 연출가다. 유능한 강사가 되기 위해서는 쇼맨십도 필요하다. 강단에 서는 순간부터 강의장 안에서 이루어지는 모든 활동은 강사에 의해 진행된다. 연극배우는 무대 위에서 연기만 하고 조명이나 음향은 담당이 따로 있지만 강사는 연단에서 강의뿐만 아니라 그 외에 모든 것도 함께 연출해야 한다.

지금까지 '명강의를 위한 교육방법' 이라는 주제를 가지고 여러 가지 다양한 측면에서 논의해 보았다. 교육학 분야와 관련된 이론적인 측면과 실제 강의할 때 필요한 실무적인 측면을 함께 다루었다. 그리고 마지막으로 명강의를 위해서 강사가 갖추어야 할 요건들을 살펴보았다. 지금까지 살펴본 내용은 필자가 강의를 해 오면서 쌓은 노하우라고 할 수 있다. 내가 강의할 때 부족한 부분들을 보완하고 어떻게 하면 나의 강의 스타일과 연관시켜서 더욱더 강의를 잘할 수 있게 할 것인가를 고민해 보게 하는 단초가 되었으면 한다. 똑같은 이야기를 내가 하면 썰렁하지만 다른 사람이 하면 유머가 되는 경우가 있듯이, 내용을 그대로 따라하기만 하면 마찬가지 현상이 나오지 않을까 생각된다. 그러므로 기본적인 원칙을 이해하여 내 것으로, 자신의 강의 스타일로 만들어 나가는 것이 중요하다.

참·고·문·헌

김달수 편저(1998). 산업교육 실무. 대전: 도서출판 보성.

김영국(1984). 사내 교육훈련 매뉴얼. 서울: 인물연구소.

김학수(1991). 현대교수-학습론. 서울: 교육과학사.

나일주, 임철일, 이인숙 편저(2003). 기업교육론. 서울: 학지사.

서울대학교 교육연구소(1994). 교육학 용어사전. 서울: 하우.

이화여자대학교 교육공학과(2000). 교육방법 및 교육공학. 서울: 교육과학사.

한국교육심리학회 편(2001). 교육심리학 용어사전. 서울: 학지사.

한국디베이트연구소 역(1987). 디베이트 입문. 서울: 한국산업훈련연구소.

Arends, R. I. (1994). *Learn to teach* (3rd ed.). NY: MacGraw-Hill.

Craig, R. L. (1996). *The ASTD Training & Development Handbook* (4th ed.). NY: McGrow-Hill.

Dick, W. (2002). Evaluation in instructional design. In R. Reiser & J. Dempsey, *Trends and issues in instructional design and technology*. Upper Saddle River, NJ: Person Education.

Gagné, R. M., Briggs, L. J., & Wager, W. W. (1992). *Principles of instructional design* (4th ed.). NY: Holt, Rinehart and Winston.

Kirkpatrick, D. (1994). *Evaluating training program: The four levels*. San Francisco: Berrett-Koehler.

Merril, M. D., Tennyson, R. D., & Posey, L. O. (1992). *Teaching concept: An instructional design guide* (2nd ed.). Englewood Cliffs, NJ: Prentice-Hall.

Molenda, M., Pershing, J., & Reigeluth, C. (1996). Designing instructional system. In R. Craig (Ed.), *Training and development handbook* (4th ed.). NY: McGraw-Hill.

Mitchell, G. (1993). *The trainer's handbook: The AMA guide to effective training* (2nd ed.). NY: AMACOM.

Nadler, L., & Nadler, Z. (1990). *The handbook of human resource development.* NY: Wiley.

Phillips, J. J. (1999). *Handbook of training evaluation and measurement methods.* Houston, TX: Gulf Publishing Company.

Phillips, J. J. (1999). *HRD trends worldwide. Houston,* TX: Gulf.

Rosset, A. (2002). From training to training and performance. In R. Reiser & J. Dempsey, *Trends and issues in instructional design and technology.* Upper Saddle River, NJ: Person Education.

Robinson, D. G., & Robinson, J. C. (1998). *Moving from training to performance: A practical guidebook.* San Francisco, CA: Berrett-Koehler.

Tracy, W. (1991). *The human resources glossary.* NY: AMACOM.

저자 소개

윤옥한(尹玉漢)

▣ 약력
국민대학교 교육학과 대학원 졸업
   (교육학박사, 교육과정전공: 교육과정개발/교육심리)
前 세화고등학교 교사
   대림산업(주) 인력개발팀 12년 근무
   (주)한국인력개발본부 교육/정보 총괄 이사
現 (주)하이컨설팅 대표이사(02-929-5053)
   200여 개 기업체 출강
   e-mail: okaiyoon@hanmail.net
   homepage: www.onlinehrd.co.kr

▣ 저서
괜찮은 나 만들기(AIM, 1996)
대인관계 Q(새로운 사람들, 1997)
능력 있는 나 만들기(새로운 사람들, 1999)
자신 있게 만나라(새로운 사람들, 2003)

▣ 논문
중등학교 조직의 개방성과 교원 신뢰와의 관계 연구(석사학위논문, 1990)
정보사회에 대비한 교사교육과정 개발을 위한 탐색적 연구
   (교육과정연구, 2002, 연구지원)
다원적 접근에 기초한 창의성 훈련 프로그램의 효과(박사학위논문, 2002)

2판
명강의 교수법

2004년 8월 30일 1판 1쇄 발행
2007년 6월 25일 1판 3쇄 발행
2008년 6월 12일 2판 1쇄 발행

지은이 • 윤옥한
펴낸이 • 김진환
펴낸곳 • **학지사**

121-837 서울시 마포구 서교동 352-29 마인드월드빌딩 5층
대표전화 • 02-326-1500   팩스 • 02-324-2345
등록 • 1992년 2월 19일 제2-1329호
홈페이지 www.hakjisa.co.kr

ISBN 978-89-5891-688-8 03370
가격 15,000원

인터넷 학술논문 원문 서비스 **뉴논문** www.newnonmun.com